新时代智库出版的领跑者

"一带一路"与旅游合作：
进展、效果与前瞻

THE BELT AND ROAD & TOURISM COOPERATION:
PROGRESS, EFFECTS AND PROSPECTS

宋瑞　冯珺　著

中国社会科学出版社

图书在版编目(CIP)数据

"一带一路"与旅游合作：进展、效果与前瞻/宋瑞，冯珺著．—北京：中国社会科学出版社，2021.10

（国家智库报告）

ISBN 978 - 7 - 5203 - 9283 - 9

Ⅰ.①一… Ⅱ.①宋…②冯… Ⅲ.①"一带一路"—国际合作—研究②旅游业—国际合作—经济合作—研究—世界 Ⅳ.①F125②F591

中国版本图书馆 CIP 数据核字（2021）第 214648 号

出 版 人	赵剑英
项目统筹	王 茵　喻 苗
责任编辑	张冰洁　周 佳
责任校对	王 龙
责任印制	李寡寡

出　　版	中国社会科学出版社
社　　址	北京鼓楼西大街甲 158 号
邮　　编	100720
网　　址	http://www.csspw.cn
发 行 部	010 - 84083685
门 市 部	010 - 84029450
经　　销	新华书店及其他书店

印刷装订	北京君升印刷有限公司
版　　次	2021 年 10 月第 1 版
印　　次	2021 年 10 月第 1 次印刷

开　　本	787×1092　1/16
印　　张	11.5
插　　页	2
字　　数	150 千字
定　　价	68.00 元

凡购买中国社会科学出版社图书，如有质量问题请与本社营销中心联系调换
电话：010 - 84083683
版权所有　侵权必究

摘要： 自2013年提出至今，"一带一路"倡议受到国际社会普遍关注，取得了积极进展。在"一带一路"倡议实施过程中，旅游不仅是一个重要的经济合作领域，而且是连接"五通"的重要载体。旅游能以民间外交的方式带动政策融合、设施互通、经济合作、人员往来和文化交融。近年来，"一带一路"旅游合作快速发展，但其潜力仍未尽释放。

本书围绕"一带一路"与旅游合作，通过一手调研，并结合二手数据，对"一带一路"倡议已取得的进展进行客观评估；在此基础上，重点关注旅游在促进"一带一路"倡议实施方面所取得的进展、积累的经验和面临的问题，并就如何使旅游更好地助推"一带一路"倡议实施提出政策建议。

作为国内首部较为系统、全面地研究"一带一路"倡议背景下旅游合作进展的专题性成果，本书对"一带一路"倡议提出至今八年多的进展，尤其是旅游领域的合作进行研究，从定性和定量两个方面对其效果进行评估，并对"一带一路"倡议与旅游发展的互动机制进行分析。本书对全面了解和系统认识"一带一路"倡议下的旅游合作具有重要参考意义。

关键词： "一带一路"倡议；旅游；"五通"

Abstract: Since it was first proposed in 2013, the Belt and Road Initiative has attracted widespread attention from the international community. During the implementation of the Belt and Road Initiative, tourism is not only an important area of economic cooperation, but also an important carrier to connect the "five links". Tourism can promote policy integration, infrastructure connectivity, economic cooperation, people-to-people exchanges and cultural integration through people-to-people diplomacy. In recent years, tourism cooperation under the Belt and Road Initiative has developed rapidly, but its potential remains untapped.

Focusing on the Belt and Road Initiative and tourism cooperation, this book provides an objective assessment of the progress made by the Belt and Road Initiative through first-hand research and secondary data. On this basis, focus on the progress, accumulated experiences and problems faced by tourism in promoting the implementation of the Belt and Road Initiative, so as to put forward policy suggestions on how to make tourism better promote the implementation of the Belt and Road Initiative.

As the first thematic study on the progress of tourism cooperation under the background of the Belt and Road Initiative in China, this book systematically studies the progress of the Belt and Road Initiative over the past seven years, especially the cooperation in the field of tourism, and evaluates its effects from both qualitative and quantitative aspects. It also analyzes the interaction mechanism between the Belt and Road initiative and tourism development. This book is of great reference significance for promoting a comprehensive and systematic understanding of tourism cooperation under the Belt and Road Initiative.

Key Words: the Belt and Road Initiative; Tourism; "Five Links"

前　言

汉唐驼铃，宋明海帆。曾几何时，中欧间两条蜿蜒的悠悠商道，连接着东西两方的货品风物，也成就了人类文明交融的传奇佳话。中西方相互了解的通道自 2100 年前张骞赴西域的"凿空之旅"开始，而"一带一路"倡议的提出，则为世界勾画了一幅互利共赢、开放包容与和平发展的合作新蓝图。

正如习近平总书记所言，"旅游是传播文明、交流文化、增进友谊的桥梁"，"旅游是增进人民亲近感的最好方式"[①]。在"一带一路"倡议实施过程中，旅游不仅是一个重要的经济合作领域，而且是连接"五通"的重要载体。旅游能以民间外交的方式带动政策融合、设施互通、经济合作、人员往来和文化交融。近年来，"一带一路"旅游合作快速发展，但其潜力仍未尽释放。如何评价"一带一路"倡议框架下旅游合作的实际效果，如何进一步发挥旅游在促进"一带一路"倡议实施中的独特作用，是值得关注的议题。

本书围绕"一带一路"与旅游合作，通过一手调研，并结合二手数据，对"一带一路"倡议已取得的进展进行客观评估，对所积累的经验加以及时总结，对仍存在的问题予以系统梳理。在此基础上，重点关注旅游在促进"一带一路"倡议实施方面所取得的进展，客观反映旅游合作所积累的经验和面临的问题，

---

① 习近平在俄罗斯中国旅游年开幕式上的致辞，2013 年 3 月 22 日。

从而就如何使旅游更好地助推"一带一路"倡议实施提出政策建议。

全书共分六章。

第一章围绕"缘起与实施",就"一带一路"倡议提出背景、推进情况以及所面临的挑战进行分析。"一带一路"从倡议到行动,从理念到实践,已发展成为当今世界规模最大的国际合作平台。在全球100多个国家和国际组织的积极支持和参与下,"一带一路"倡议围绕政策沟通、设施联通、贸易畅通、资金融通、民心相通等取得了显著进展,也面临逆全球化、债务风险等方面的挑战,特别是新冠肺炎疫情所带来的复杂性、不稳定性和不确定性。

第二章围绕"基础与潜力",重点分析"一带一路"倡议下旅游合作的历史现实基础和未来发展潜力。"一带一路"沿线国家拥有丰富的自然和文化资源,自然保护区数量和世界自然遗产数量分别占全球的74.7%和32.1%,且涵盖了世界四大文明古国和世界四大宗教发源地的精髓,文化遗产璀若星河。在实现"一带一路"沿线国家互联互通的过程中,旅游是必不可少的经济催化剂、文化融合剂、人心凝聚剂。通过各方的积极努力,"一带一路"旅游发展将经历从松散联盟走向一体化的过程,未来有可能成为一个大的旅游区,甚至是旅游自由贸易区。

第三章围绕"行动与举措",就中央政府、地方政府、旅游企业、社会力量、国际组织等在推动"一带一路"框架下的旅游合作方面所采取的措施和行动进行分析。总体来看,中央政府围绕"一带一路"旅游合作,明确了发展任务,凝聚了发展共识,强化了合作机制,加大了对外推广,促进了旅游往来;相关地方政府在明确自身定位的基础上,制定实施方案、完善合作机制、提高通达能力、开展联合营销、组织交流活动;旅游企业不断拓展海外业务,加大对外投资;相关社会组织也积极参与其中。

第四章围绕"调查与案例",选择中国与中东欧、中蒙俄等为例,进行深度调查和案例分析。在亚欧大陆互联互通上,中东欧地区是关键通道,更是亚欧大陆连接中国的门户和中国进入欧洲的桥头堡。中国与中东欧已搭建起了一个多层级、宽领域、全方位的网状交流与合作平台,旅游合作已成为中国—中东欧国家合作的新增长点。中蒙俄经济走廊是"一带一路""六廊六路多国多港"合作框架的重要组成部分,也是"一带一路"倡议下最先启动的区域经济走廊,三国旅游合作正在有序推进。当然,由于各种原因,上述两个区域的旅游合作各自也面临一些制约。

第五章围绕"效果与评价",从定性和定量层面,分别对旅游助推"一带一路"的实际效果进行了系统评估。实证结果显示,从旅游发展和"五通"推进两个角度看,沿线国家大致可分为相互促进型、旅游突出型、"五通"突出型和双重潜力型。针对不同类型国家,要侧重不同方面,或重视舆论宣传工作,或在产业互惠和政策宣传方面双向着力,尝试通过跨境旅游交往取得新突破。

第六章围绕"前瞻与建议",就"一带一路"倡议实施以及旅游合作的未来前景和发展策略进行分析。建议要针对不同类型国家实施差异化策略、加强综合协调与宣传引导、不断拓展合作领域和合作方式,更好地推进"一带一路"倡议实施;通过构建"一带一路"旅游合作体系、联合申请世界遗产、塑造整体旅游品牌、发展跨境旅游合作、完善旅游合作机制、完善基础设施并推进旅游便利化、加强安全管理、发挥国际平台作用等,更好地发挥旅游在"一带一路"倡议中的作用。

作为国内首部较为系统、全面地研究"一带一路"倡议背景下旅游合作进展的专题性成果,本书对"一带一路"倡议提出至今八年多的进展,尤其是旅游领域的合作进行了系统研究,从定性和定量两个方面对其效果进行评估，并对"一带一路"倡议与旅游发展的互动机制进行分析。本书对全面了解和系统认识"一带一路"倡议下的旅游合作具有重要参考意义。

目 录

一 "一带一路"倡议的缘起与实施 …………………………（1）
 （一）提出背景 …………………………………………（1）
 （二）实施推进 …………………………………………（7）
 （三）面临挑战 …………………………………………（14）

二 "一带一路"旅游合作的基础与潜力 …………………（21）
 （一）现实基础 …………………………………………（22）
 （二）未来潜力 …………………………………………（28）

三 "一带一路"旅游合作的行动与举措 …………………（35）
 （一）中央政府 …………………………………………（35）
 （二）地方政府 …………………………………………（40）
 （三）相关企业 …………………………………………（44）
 （四）社会力量 …………………………………………（46）

四 "一带一路"旅游合作重点区域深度调查 ……………（50）
 （一）中国与中东欧旅游交流合作 ……………………（50）
 （二）中蒙俄旅游交流与合作 …………………………（65）

五 "一带一路"与旅游发展：机制分析与效果评估 ……（75）
 （一）"一带一路"倡议实施效果：研究综述 ………（75）

（二）"一带一路"旅游合作效果：定性评估 ……… (88)
（三）"一带一路"助推旅游发展：机制分析 ……… (110)
（四）"一带一路"旅游合作效果：定量评估 ……… (126)

六 旅游在"一带一路"倡议中发挥更大作用 ………… (133)
（一）推进"一带一路"倡议全面实施 …………… (133)
（二）进一步推动旅游领域的合作与交流………… (137)

参考文献 ……………………………………………………… (150)

后　记 ………………………………………………………… (170)

一 "一带一路"倡议的缘起与实施

（一）提出背景

2013年9月及10月，习近平主席在中亚与东南亚国家出访期间，先后提出了共建"丝绸之路经济带"（The Silk Road Economic Belt）和"21世纪海上丝绸之路"（The 21st-Century Maritime Silk Road），也即"一带一路"倡议（The Belt and Road Initiative）。"一带一路"倡议是习近平基于深刻变化的国际和地区形势以及中国自身发展所面临的新形势与新任务，为坚定维护世界自由贸易体系与全球开放型经济体系，促进沿线各国进一步加强合作、共克时艰和共谋发展而专门提出的重大倡议。它以"丝绸之路"经济、人文、商贸的千年传承为基础，旨在改善全球经济治理、构建人类命运共同体，具有全新的时代特征和现实意义。

1. 总体背景

"一带一路"倡议是习近平统筹国内外形势变化提出的，是我国发展到特定阶段以及世界经济政治格局变化的必然结果。

在全球化的背景下，制度、经济和技术力量的共同推动使得各主体之间的经济关联愈来愈强。一方面，经济全球化对促进全球经济增长起到了积极作用。1970—2010年，世界经济增长速度年平均达3.16%，总规模增长了3.47倍。另一方面，全球化也加剧了世界各国（地区）发展的不均衡，其中大量发展中国家获益较少。贫富差距、地区差异使全球化可持续发展面临突出问题。第二次世界大战后，以美国和欧洲国家为首的发达国家利用其在全球经济中的巨大影响力和主导性地位，制定了各种有利于其自身利益的全球经贸规则和全球治理规则，而广大发展中国家对重建公平合理全球经贸规则的呼声也日渐高涨。

改革开放以来，我国经济发展举世瞩目。1979年，中国在全球经济总量中仅占比0.92%。2014年，中国GDP首次突破了10万亿美元重要关口，达10.4万亿美元，占世界GDP的比重上升至13.82%。目前，中国已经成为仅次于美国的世界第二大经济体，并在1980—2011年间保持了长达32年年均10%的增速，为全球经济增长做出了积极贡献。2013年，中国货物贸易总额4.16万亿美元，首次突破了4万亿美元大关，成为超越美国（3.91万亿美元）的世界首位货物贸易国。2014年中国利用外资占全球比重9.49%，总额达到1280亿美元，成为世界外国投资第一大目的地国，这也是自2003年中国成为吸引外资第一大发展中国家以来第一次超越美国，跃居全球首位。2015年中国成为世界第二大对外投资国。

作为世界第二大经济体以及拥有成功发展经验的大国，如何参与全球治理和全球经贸规则的调整，是中国思考的问题。探索新的国际经济治理模式，分担更多国际社会责任，既需要创新理念，也离不开实施平台。"一带一路"倡议是在经济全球化大背景下产生的，体现了中国从全球视野去思考问题的理念。"一带一路"倡议秉承"和平合作、开放包容、互学互鉴、互利共赢"的"丝路精神"，以促进沿线各国要素自由流动、资源高效配置与市场深度融合为归旨，助力更大范围和更深层次的区域交流合作，共同创建开放、包容、均衡和普惠的区域经济合作架构。①

依据2016年《世界投资报告》经济体类型划分标准，我们将"一带一路"沿线国家划分为发达经济体、发展中经济体以及转型经济体三类分别进行讨论。其中，发达经济体共计12国、发展中经济体共计22国、转型经济体共计12国（见表1-1）。考虑到地理分布差异，参考周五七②的分类方法，可分为蒙俄地区（1国）、中东欧地区（17国）、西亚中东地区（15国）、中亚地区（2国）、东南亚地区（7国）和南亚地区（4国）。考虑到南亚地区、中亚地区以及蒙俄地区样本国家较少，地理位置与中国毗邻，有时将三个地区合并为一个地区进行研究。

表1-1　　　　　　　　"一带一路"沿线国家

经济发展水平	发达经济体（12国）	爱沙尼亚、保加利亚、波兰、捷克、克罗地亚、拉脱维亚、立陶宛、罗马尼亚、斯洛伐克、斯洛文尼亚、匈牙利、以色列
	发展中经济体（22国）	阿联酋、阿曼、埃及、巴基斯坦、巴林、菲律宾、柬埔寨、卡塔尔、科威特、黎巴嫩、马来西亚、孟加拉国、沙特阿拉伯、斯里兰卡、泰国、土耳其、新加坡、也门、印度、印度尼西亚、约旦、越南
	转型经济体（12国）	阿尔巴尼亚、阿塞拜疆、白俄罗斯、波黑、俄罗斯、格鲁吉亚、哈萨克斯坦、吉尔吉斯斯坦、北马其顿、摩尔多瓦、乌克兰、亚美尼亚
地理位置	中东欧地区（17国）	阿尔巴尼亚、爱沙尼亚、白俄罗斯、保加利亚、波黑、波兰、捷克、克罗地亚、拉脱维亚、立陶宛、罗马尼亚、北马其顿、摩尔多瓦、斯洛伐克、斯洛文尼亚、乌克兰、匈牙利

---

① 国家发展改革委员会、外交部、商务部编：《推动共建丝绸之路经济带和21世纪海上丝绸之路的愿景与行动》，人民出版社2015年版。

② 周五七：《"一带一路"沿线直接投资分布与挑战应对》，《改革》2015年第8期。

续表

地理位置	西亚中东地区 （15国）	阿联酋、阿曼、阿塞拜疆、埃及、巴林、格鲁吉亚、卡塔尔、科威特、黎巴嫩、沙特阿拉伯、土耳其、亚美尼亚、也门、以色列、约旦
	东南亚地区 （7国）	菲律宾、柬埔寨、马来西亚、泰国、新加坡、印度尼西亚、越南
	中南亚及蒙俄地区 （7国）	巴基斯坦、孟加拉国、斯里兰卡、印度、哈萨克斯坦、吉尔吉斯斯坦、俄罗斯

资料来源：潘素昆、杨雅琳：《"一带一路"国家基础设施和中国对外直接投资区位选择》，《统计与决策》2020年第10期。

2. 旅游背景

第二次世界大战以来，随着全球化进程的加快及全球贸易的增长，旅游全球化趋势日趋明显，全球旅游经济保持持续增长，其作为世界经济晴雨表的特征更加凸显。根据世界旅游城市联合会与中国社会科学院旅游研究中心联合发布的《世界旅游经济趋势报告（2020）》，2019年全球旅游总人次（包括国内旅游人次和入境旅游人次）为123.10亿，全球旅游总收入（包括国内旅游收入和入境旅游收入）为5.8万亿美元，相当于全球GDP的6.7%。

从全球旅游格局来看，在相当长一段时间里，欧洲地区及美洲地区作为国际旅游活动集中区域及国际旅游业最为发达的地区，占据3/4的全球旅游市场份额。20世纪90年代以来，欧美地区旅游市场增长速度逐步放缓，开始低于全球平均水平，占全球旅游市场的份额逐渐下降；相较之下，亚太地区在新兴经济体的带动下，突破较小的旅游市场基数，增速超过全球平均水平，旅游市场份额持续攀升。以亚太地区旅游业迅速崛起为主要特征，世界旅游格局正在发生改变。目前，欧洲、美洲、亚太地区三大板块在全球旅游经济中占据绝对主体地位，已经形成"三足鼎立"的格局。就旅游市场份额而言，以新冠肺炎疫情前的2019年为例，联合国世界旅游组织（UNWTO）的数据显示，全球接待入境游客的区域格局保持相对稳定，其中欧洲以51%的全球市场份额稳居榜首，亚太地区以25%的全球市场份额位列第二，美洲以15%的全球市场份额名列第三。2020年，受新冠肺炎疫情影响，全球入境游客人次减少了74%，其中欧洲、亚太地区和美洲分别减少了70%、84%和69%。就旅游业竞争力而言，参照世界经济论坛所发布的《旅游业竞争力报告》，世界旅游业竞争力排名前20位的国家中，欧洲占据11席，亚太地区占据7席，美洲占据2席。在136个国家与经济体中，排名提升幅度最大的绝大部分国家是发展中国家与新兴经济体，其中阿塞拜疆、塔吉克斯坦、印度、以色列、不丹、埃及、越南、阿尔巴尼亚等"一带一路"沿线国家提升最快。

"一带一路"沿线国家多为发展中经济体，基础设施建设和经济社会整体发展水平制约了其旅游发展和在全球旅游经济中的份额。如图1-1所示，在2008年至2015年间，"一带一路"沿线国家的平均接待游客由443.64万人次增长至575.87万人次，平均旅游收入由40.85亿美元增长至56.04亿美元，但仍略低于全球平均水平。实际上，"一带一路"沿线国家蕴含了巨大的旅游发展和合作潜力，集中了全球近55%的世界文化遗产、近32%的世界自然遗产以及近74%的自然保护区，[1] 同时诞生了四大文明、五大宗教，拥有众多具有重要影响力的旅游资源，沿线有54个全球旅游百强城市。[2] "一带一路"沿线既有东南亚地区以及地中海沿岸等传统旅游胜地，也有中东等新兴热门目的地。其中，有31个国家将旅游业或旅游开发列为优先发展领域，有超过20个国家对中国实行免签或落地签。围绕"一带一路"而设立的亚洲基础设施投资银行（Asian Infrastructure Investment

---

[1] 杨雪：《说走就走，沿"一带一路"去旅行》，《科技日报》2015年4月19日第2版。

[2] 邹统钎、晨星、刘柳杉：《"一带一路"旅游投资：从资源市场转向旅游枢纽》，《旅游导刊》2018年第5期。

Bank，AIIB）和丝路基金共同为基础设施联通提供资金支持。"一带一路"倡议整合良好的旅游资源与区位条件，开拓了国内外旅游市场空间，提供了便利的政策环境，完善了相关金融支持，为加速全球投资网的形成、推进旅游全产业链布局、创造稳定旅游投资环境、保障旅游投资可持续发展提供了良好的平台。

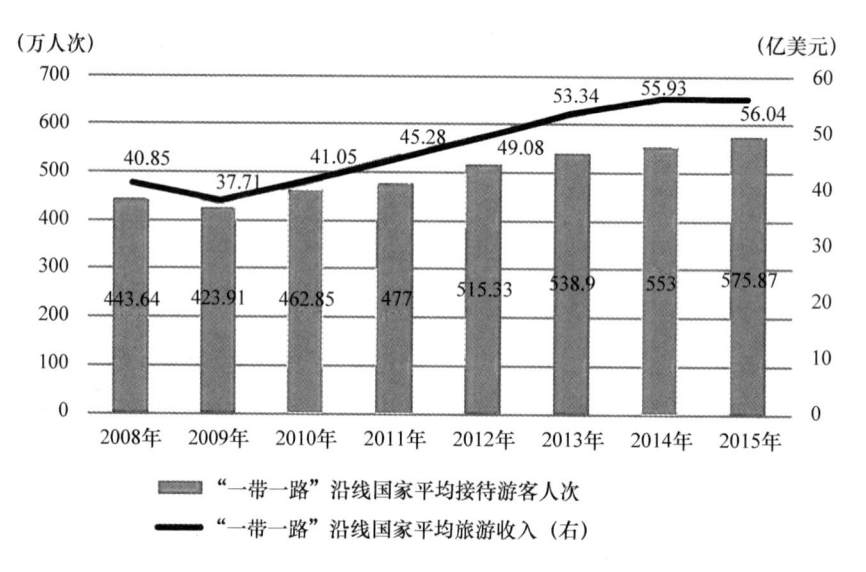

图1-1 "一带一路"沿线国家平均接待游客人次及旅游收入

资料来源：根据联合国世界旅游组织（UNWTO）数据计算。

从广义角度理解，"一带一路"倡议是一种新的全球治理模式和人类命运共同体的一部分。[1] 以政策沟通、设施联通、贸易畅通、资金融通、民心相通为基础，这一区域合作框架旨在构建"利益共同体""责任共同体"和"命运共同体"。[2] 而在这一过程中，旅游理应也已经成为重要的推动力量。

---

[1] L. Zeng, "Conceptual Analysis of China's Belt and Road Initiative: A Road towards a Regional Community of Common Destiny", *Chinese Journal of International Law*, Vol. 15, No. 3, 2016.

[2] Y. U. Ning, "Cooperation on Belt and Road Initiatives", *China Today*, No. 2, 2015.

（二）实施推进

"一带一路"倡议自2013年提出以来，中国政府始终坚持共商、共建和共享原则，与相关国家和机构不断扩大合作共识，扎实推进各项工作。"一带一路"从倡议到行动，从理念到实践，已发展成为当今世界规模最大的国际合作平台。近些年来，在全球逾100个国家与国际组织的积极支持和共同参与下，围绕政策沟通、设施联通、贸易畅通、资金融通和民心相通"五通"工程，"一带一路"倡议进展显著。

1. 政策沟通

加强政策沟通为"一带一路"建设提供了重要保障。近些年来，中国致力于进一步加强政府间合作，从多层次政府间宏观政策沟通和交流机制构建上，深化双方利益融合，促进政治互信与合作共识达成。

截至2020年9月，我国已与138个国家及30个国际组织签署了"一带一路"共建合作文件200份。"一带一路"倡议覆盖的合作国家和地区遍布亚洲、非洲、欧洲、大洋洲和拉丁美洲。首届"一带一路"国际合作高峰论坛达成的279项具体成果，已经全部按计划完成。2019年4月举行的第二届"一带一路"国际合作高峰论坛达成6大类283项务实成果，为全球经济增长开辟更多空间。上海合作组织、中国—东盟"10+1"、亚太经合组织等多边合作机制正推动所属经济体发展战略与"一带一路"倡议相对接。联合国大会和联合国安理会等国际重要决议中也纳入了"一带一路"建设的相关内容。

"一带一路"国际合作高峰论坛已举办两届。各方在领导人圆桌峰会联合公报中表示"愿同中国进一步在'一带一路'倡议下开展双边和国际合作，期待定期举办高峰论坛并举行相关后续活动","期待举行第三届高峰论坛"。高峰论坛机制化,可在"一带一路"建设中更好地发挥引领作用,为凝聚合作共识、指引建设方向、推进合作进程提供权威平台,为合作体系建设锻造坚实"内核"。

值得一提的是,各相关国家政府结合本国国情,努力寻求本国发展战略与"一带一路"倡议的对接,如"容克计划"(欧盟)、"欧亚经济联盟"(俄罗斯)、"冰上丝绸之路"(俄罗斯)、"发展之路"(蒙古国)、"光明之路"(哈萨克斯坦)、"琥珀之路"(波兰)等。在研究对接领域、确定对接项目、协商对接原则、商讨对接模式、制定对接规划的基础上,在信贷、税收、通关、旅游、投资、贸易、土地使用等领域分别制定相应政策。

2. 设施联通

基础设施的互联互通是"一带一路"建设的优先领域。在互相尊重国家主权与安全关切的前提下,中国和"一带一路"沿线国家努力加强基础设施在建设规划及技术标准体系等多方面的对接,有力推进了国际骨干通道的建设。近些年来,"一带一路"沿线国家紧紧抓住交通基础设施建设中的关键通道、重点工程与关键节点,优先打通了缺失路段,畅通了瓶颈路段,配套完善了交通管理设施设备和道路安全防护设施;推进了全程运输协调机制的统一,促进了国际通关、换装和多式联运的有机衔接;推动了口岸的基础设施建设,畅通了陆水联运通道,进一步强化了港口的合作建设,海上航线及班次得到显著增加;拓展了民航业全面合作的机制与平台,使航空基础设施水平得到加快提升;共同推进了跨境光缆等通信干线网络建设;加快推进了双边跨境光缆等建设。

在设施联通方面,以中蒙俄经济走廊、新亚欧大陆桥经济走廊、中巴经济走廊、中国—中南半岛经济走廊、孟中印缅经济走廊、中国—中亚—西亚经济走廊六大经济走廊和"多国多港"建设为重点,一些重大基础设施建设项目稳步推进。截至2018年10月底,我国在港口方面已与世界超200个国家与地区、逾600个主要港口建立了互通航线关系,海运的互联互通指数多年保持全球第一。铁路方面,截至2019年10月底,中欧班列累计开行数量已近2万列,到达欧洲15个国家43个城市,重箱率达85%。航空方面,我国与"一带一路"沿线62个国家签订双边政府间航空运输协定,与45个国家实现直航,每周约5100个航班。

目前,"六廊六路多国多港"设施联通的总体布局已经基本形成并不断延伸和拓展。在中蒙俄、中国—中亚—西亚、新亚欧大陆桥、孟中印缅、中国—中南半岛和中巴六大经济走廊顶层设计的基础上,我国又先后与相关国家达成构建中尼印经济走廊、中缅经济走廊、澜湄流域经济发展带等共识,初步形成陆海内外联动、东西双向互济的双栖对外开放新格局。以公路、铁路、水路、空路、管路、信息高速路"六路"的形式,并以沿线主要国家和重要港口为依托,逐渐形成人流、物流、资金流、信息流和技术流,在联动发展基础上构建优势互补的区域经济合作新模式。这些从内陆到沿海的国际大通道将沿线国家的节点城市、边境经济合作区、重要港口及由此形成的产业集群连接起来,已经形成经济合作上联动发展的聚集效应。

3. 贸易畅通

贸易畅通是沿线国家互利共赢的主要动力,"一带一路"建设的重要载体。目前"一带一路"沿线多个国家之间已经建立起贸易畅通工作组,推动市场开放,提高贸易便利化水平。我国与相关国家重点着力推动投资贸易便利化,不断消除投资与贸易壁垒,改善区域内及各国自身营商环境;主动同"一带一路"沿线国家与地区一同商建自由贸易区;致力于信息互换、监管互认和执法互助的双边海关合作，进一步加强认证认可、检验检疫、统计信息和标准计量等多方面的双边、多边合作；改善边境口岸通关设施条件，降低货物通关成本，提升通关效能；削减非关税壁垒，协同提高技术性贸易措施的透明度，促进贸易自由化、便利化水平的提升；鼓励合作建设境外经贸合作区、跨境经济合作区等各类产业园区。

近年来，"一带一路"沿线国家之间的贸易增长水平大大高于世界贸易增长水平。2013—2019 年，我国对"一带一路"相关国家贸易累计超过 7.8 万亿美元，年均增长达 6.1%。2019 年，我国与沿线国家贸易额达到 9.27 万亿元人民币，高出我国整体外贸增速 7.4 个百分点。2020 年前九个月，我国企业与"一带一路"沿线国家新签 837.1 亿美元承包工程合同，完成营业额 531.3 亿美元。2020 年上半年，"一带一路"沿线重要节点地区的东盟成为中国最大贸易伙伴，中国对东盟的投资同比增长 53%。我国与沿线国家建立境外经贸合作区、次区域合作等多边

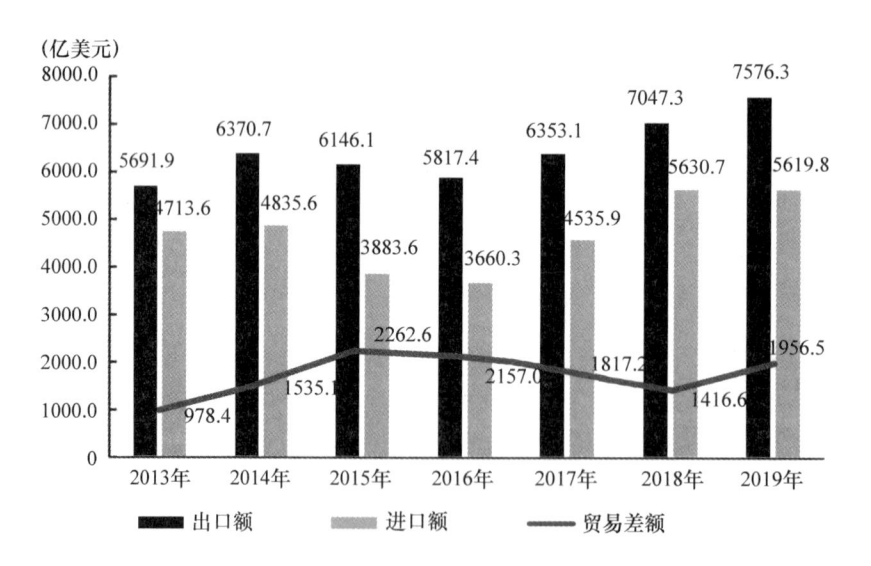

图 1-2　2013—2019 年中国与"一带一路"沿线国家进出口情况

资料来源：2013—2019 年度《中国对外直接投资统计公报》。

和双边贸易合作机制，与19个沿线国家建立双边电子商务合作机制，签署多份电子商务合作文件。中国企业在"一带一路"沿线国家推进了113个经贸合作区建设，上缴43亿美元东道国税费，创造37万个就业岗位。"一带一路"倡议提出以来，"一带一路"国家贸易进出口占我国货物贸易总额比重由2013年的25.0%提升4.4个百分点至2019年的29.4%。此外，中国与24个经济体签署了自贸区协定，与近20个国家建立了国际产能合作机制。

4. 资金融通

资金融通是"一带一路"建设的重要支撑。近年来在资金融通方面取得了突破性进展。一是中方联合相关国家在2015—2016年创立了亚投行、金砖国家新开发银行和丝路国际银行三个国际金融机构。前两个银行有相当比例的资金用于服务"一带一路"建设，丝路国际银行则主要是为企业在非洲参与"一带一路"建设提供金融服务。二是专门为"一带一路"建设设立一系列基金，包括丝路基金、人民币海外基金、中非发展基金、中国—东盟投资合作基金、中国—欧亚经济合作基金、中俄地区合作发展投资基金等。三是中资银行加快在相关国家布局发展。截至2019年年末，已有11家中资银行的79家一级分支机构（包括19家子行，47家分行和13家代表处）在29个"一带一路"沿线国家设立。四是通过发债筹集资金，支持"一带一路"建设融资。中国银行、国家开发银行等银行和招商局港口控股有限公司等发行了具有相当规模的"一带一路"专项债券。

截至2020年9月，亚投行已发展到103个成员国，是仅次于世界银行的全球第二大多边开发平台，并在24个成员国投资87个项目，金额达200亿美元，覆盖能源、交通、电信、城市发展等多个领域。新冠肺炎疫情暴发后，亚投行专门设立新冠肺炎危机恢复基金100亿美元，用于支持成员国抗疫。中国出资 400 亿美元成立的丝路基金，在 2018 年获得 1000 亿元增资后，目前已签约 34 个项目，承诺投资金额约 123 亿美元，支持项目涉及总金额达 800 亿美元。人民币跨境支付系统实际覆盖全球 160 多个国家和地区。2020 年 1—9 月，中国企业对沿线国家非金融类直接投资同比增长 29.7%，达 130.2 亿美元。2019 年，我国与"一带一路"沿线相关国家货币外汇交易规模达 2042 亿元，同比增长 43%。

5. 民心相通

民心相通是夯实"一带一路"建设的社会根基。近些年来，中国坚持传承与弘扬丝绸之路友好合作精神，开展了学术往来、文化交流、媒体合作、人才交流合作、志愿者服务、青年和妇女交往等活动，为深化双边和多边合作奠定了坚实的民意基础。为进一步扩大"一带一路"沿线国家相互间的留学生规模，推动合作办学，我国每年向"一带一路"沿线国家提供上万个政府奖学金名额。"一带一路"沿线国家间互动举办艺术节、图书展、电视周、电影节和文化年等活动，合作开展包括广播、电影、电视剧等媒体形式在内的精品创作与翻译，并联合各方力量共同申请世界文化遗产，推动实施世界遗产在"一带一路"沿线国家的联合保护工作。"一带一路"沿线国家间的人才交流与合作得以深化。"一带一路"沿线国家间的旅游合作不断加强。通过互办旅游推广周及旅游宣传月等活动，沿线国家联合打造了具有丝绸之路魅力特色的国际级精品旅游线路与旅游产品，提升了"一带一路"沿线各国游客签证的便利化水平。

截至 2020 年 1 月，中国（大陆）公民持普通护照可享受 71 个国家和地区的免签、落地签政策。同时，中国已与"一带一路"沿线 57 个国家缔结了涵盖不同护照种类的互免签证协定，与 15 个国家达成 19 份简化签证手续的协定或安排，有 22 个国家单方面给予中国公民免签或办理落地签证入境待遇。

我国各类社会组织在沿线国家发起"爱心行""光明行""甘泉行""太阳村""幸福泉""爱心包裹""幸福家园""绿色使者计划"等一系列推进民心相通活动，提升了沿线国家对"一带一路"建设的参与度和获得感，增强了企业社会责任意识，拓展了与沿线国家民间团体及项目建设社区的沟通渠道。

6. 其他进展

伴随"六廊六路多国多港"建设的深入推进，以"一带一路"冠名的各类合作平台不断涌现。比如，中国同巴基斯坦围绕走廊建设成立中巴经济走廊联合合作委员会；缅甸成立"一带一路"实施指导委员会；德国成立"一带一路"倡议联邦协会；英国剑桥大学和兰卡斯特大学成立"一带一路"研究中心；日本成立"一带一路"日本研究中心；"一带一路"智库合作联盟、丝绸之路沿线民间组织合作网络、数字丝绸之路国际科技联盟、"一带一路"新闻合作联盟、"一带一路"律师联盟等相继成立。这些合作平台从不同角度为推动"一带一路"建设发挥了积极作用，并朝着专业化、精细化方向发展。

2013—2018年，在"一带一路"沿线国家，我国对外直接投资累计近千亿美元，达到986.2亿美元，主要流向新加坡、俄罗斯、老挝、印度尼西亚、柬埔寨、泰国、阿联酋等国家；对"一带一路"沿线国家的进出口总额累计超6万亿美元；在"一带一路"沿线国家共推进82个经贸合作区的项目建设。截至2018年12月底，中国在"一带一路"沿线国家的直接投资存量为1727.7亿美元，占中国对外直接投资存量的8.7%。[1]

---

[1] 资料来源于商务部对外投资和经济合作司《2018年1—12月我国对"一带一路"沿线国家投资合作情况》。

(亿美元)

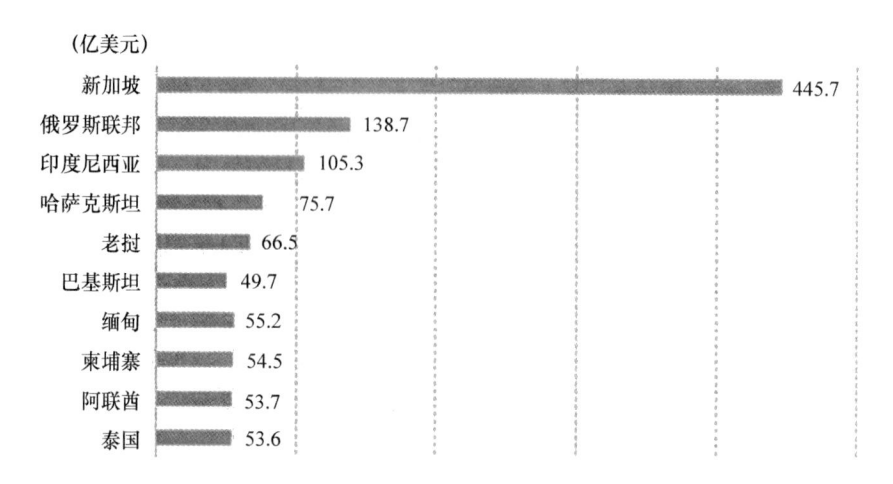

国家	金额
新加坡	445.7
俄罗斯联邦	138.7
印度尼西亚	105.3
哈萨克斯坦	75.7
老挝	66.5
巴基斯坦	49.7
缅甸	55.2
柬埔寨	54.5
阿联酋	53.7
泰国	53.6

图1-3 中国对"一带一路"沿线国家投资存量前10位

资料来源:《中国对外直接投资统计公报》(中国商务部、国家统计局、国家外汇管理局)。

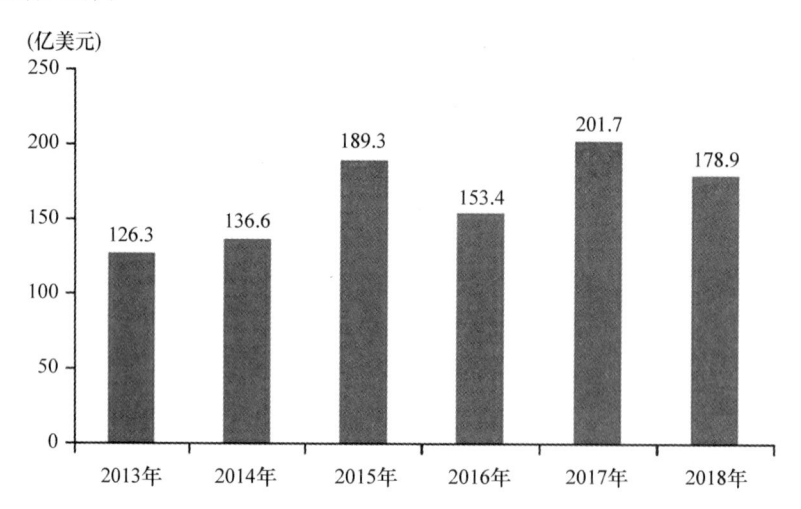

(亿美元)

年份	金额
2013年	126.3
2014年	136.6
2015年	189.3
2016年	153.4
2017年	201.7
2018年	178.9

图1-4 2013—2018年中国对"一带一路"沿线国家投资情况

资料来源:《中国对外直接投资统计公报》(中国商务部、国家统计局、国家外汇管理局)。

(三) 面临挑战

1. 逆全球化

从当前世界政治和经济环境来看,全球化进程遭遇前所未有的挑战,特别是部分国家的逆全球化举措与其国家战略的绑定日趋深入。超级大国在与其全球盟友的贸易谈判中寻求自利行为，并巩固盟国协约之间的平衡点，借此通过持续的经贸摩擦和谈判对我国施压，因此"一带一路"倡议也将面临诸多挑战。

近年来世界范围内极端主义、恐怖主义和民粹主义三股势力不断抬头，给"一带一路"沿线国家带来安全风险。政局动荡态势在"一带一路"沿线国家有可能会增强，这也将影响相关国家政策的持续性。极端民族主义或因贫富分化而抬头。中东地区的宗教冲突、欧洲及南亚地区的恐怖袭击、美俄大国间的地缘博弈等也都可能对"一带一路"倡议推进造成不同程度的影响。

我国积极推进"一带一路"建设虽然与长期以来的霸权既得利益体系之间形成局部的竞争甚至冲突关系，但双方仍然具有通过互相理解、互相协调与协同合作避免陷入"修昔底德陷阱"的空间。中国在全球产业链和价值链上已经与西方国家高度互嵌，产业间与产业内分工与生产网络广泛建立，双边和多边贸易活动与投资活动积极活跃，产业集群业已发展形成共生态势。由此可见，"一带一路"倡议面临的逆全球化风险相对可控。

2. 债务风险

在合作推进"一带一路"倡议的过程中，我国以贷款方式为沿线国家提供基础设施建设所需要的资金，是"一带一路"倡议框架下国际金融合作的主要形式之一。值得注意的是，参与"一带一路"倡议的债务主体多来自中等偏下收入国家和低收入国家，往往具有经济基础薄弱、经济结构单一、财政收入紧张、过度依赖外部市场等特点，较易受到经济增长波动、汇率波动，甚至地缘冲突等因素的影响。此外，东道国资金利用专业能力不足、金融监管不力等因素，使得在基础设施投资和建设等资本密集型合作项目中，中国企业"走出去"将在一定程度上面临东道国的债务违约风险。

"一带一路"沿线经济体多属于发展水平不高的新兴市场国家，经济基础薄弱，本身缺乏充裕资金，基础设施项目往往面临巨大的资金缺口。重大基础设施项目具有投资规模大、投资周期长、建设周期长、融资需求大、经济收益慢等特征。另外，对重大基础设施项目进行开发，有可能遭遇因项目进展迟滞、投资周期过长而引发的风险和不确定性。事实上，建设周期跨度越大，项目东道国出现政局动荡、宗教冲突、宏观经济环境不稳定等不确定性因素的存在，使得投资项目出现债务违约风险的机会增加。

有研究表明，就主要观测指标而言，东道国的人均GDP、经济增长的稳定性、通货膨胀指数以及债务总额占GDP的比重是反映沿线国家债务违约风险的最为重要的观测变量。研究发现，就"一带一路"沿线国家而言，也门、乌克兰、吉尔吉斯斯坦、尼泊尔、不丹、摩尔多瓦等经济体的上述指标不够理想，潜在的主权债务违约风险相对较大。[1]

3. 人力资源

首先，国际化人才供给不足。"一带一路"倡议提出的"五通"理念将极大地提高跨境合作效率、降低贸易成本、改善民众生活。"一带一路"建设推进需要能源、交通、通信、对外汉语、非通用语种、国际金融、国际法律、知识产权交易、跨国经营管理和跨文化交流等诸多领域的国际化人才。中国"走出去"的企业对"一带一路"相关建设领域国际化人才的需求缺口巨大。从"一带一路"倡议的推广和建设实践来看，不少企

---

[1] 张斌彬、冯珺：《"一带一路"沿线国家债务违约风险的识别与防范》，《河北师范大学学报》（哲学社会科学版）2020年第1期。

业和组织均遇到了国际化人才供给短缺的掣肘,科学人才、技术人才和项目人才难以满足需要。

其次,人才结构尚不合理。调查数据显示,逾八成中央企业认同影响和制约"走出去"的首要问题是高层次的国际化人才短缺。① "一带一路"建设过程中需要大量的四类高端国际化人才。第一类是通晓各项国际规则的专门人才。第二类是掌握国际化资本运作的人才。对于中国企业"走出去"而言,这类人才往往是稀缺资源。他们既要了解国际金融市场运作规律,又要熟悉国际投资、融资、并购和交易。第三类是具备基础设施建设管理与投资能力的人才,包括能源、交通、电力、航运、通信等领域在内,都需要一大批此类专门人才。第四类是拥有跨文化交际沟通能力的人才。由于"一带一路"沿线部分地区仍然存在地缘性政治问题,政局动荡且宗教信仰差异大,这使得既熟悉"一带一路"沿线国家和地区属地文化,又擅于跨文化沟通的国际化专门人才非常紧缺。值得注意的是,"一带一路"建设所急需的高层次、复合型国际化专门人才恰恰是中国所缺少的。除此之外,在外语人才上,我们既缺少精通"一带一路"沿线国家非通用语种的人才,对外汉语人才也比较欠缺。"一带一路"倡议令"汉语热"持续升温。国家汉语国际推广领导小组办公室副主任夏建辉所提供的数据显示,截至2016年,全球已有近70个国家将汉语教学纳入本国国民教育体系之中。② 汉语人才以及汉语教学人才的需求也随之剧增。

最后,"一带一路"沿线国家和地区存在国际化人才分布较少的困境。中国作为全球排名第三的留学目的地国,是高等教

---

① 李英福:《"一带一路"倡议下国际化人才建设研究》,《牡丹江师范学院学报》(社会科学版) 2019 年第 6 期。

② 《近 70 国将汉语教学纳入国民教育体系》, 2016 年 12 月 7 日,中国新闻网,http://www.chinanews.com/hr/2016/12-07/8086555.shtml。

育国际学生接收的重要增长极之一。随着"一带一路"各项事业的不断推进,来华的"一带一路"沿线国家留学生数量持续增长。从数据统计来看,我国国际留学生生源数量排前15名的国家中,"一带一路"沿线国家占据2/3,其中印度、泰国、印尼、老挝以及巴基斯坦的来华留学生数量增幅逾20%。"一带一路"沿线国家人员来华接受高等教育需求旺盛,也从一个侧面说明沿线国家的人力资源基础质量尚未达到理想程度。

4. 新冠肺炎疫情

2020年新冠肺炎成为全球性大流行病。截至2021年9月初,全球已有200多个国家出现新冠肺炎疫情,全球累计确诊病例逾2.25亿例,累计死亡病例逾460万例,[1] 疫情严重国家实施持续性或周期性的边境封锁和禁止出行政策。国际货币基金组织(IMF)于2021年7月发布的《世界经济展望》报告显示,受新冠肺炎疫情影响,全球经济正面临复苏动力减弱和财富分配不平等的挑战,疫苗产能和分配也给全球经济复苏带来了新的不确定性。[2] 上海合作组织秘书长弗拉基米尔·诺罗夫在2021年9月的视频会议上指出,受新冠肺炎疫情影响,全球旅游业出口收入减少了1.3万亿美元,比2009年全球经济危机期间的损失还高出11倍,大约有1.2亿旅游业就业岗位面临风险,中小型企业受疫情冲击最大。[3]

疫情给"一带一路"倡议的经济和贸易合作带来挑战。一

---

[1] 数据来源:https://www.worldometers.info/coronavirus/。
[2] 国际货币基金组织:《世界经济展望》,2021年7月更新,https://www.imf.org/-/media/Files/Publications/WEO/2021/Update/July/Chinese/textc.ashx。
[3] 《上海合作组织秘书长弗拉基米尔·诺罗夫:疫情下考验与机遇并存 三边合作共促世界旅游发展》,2021年9月3日,国际在线,http://news.cri.cn/20210903/ebf0c6a9-87ab-274a-1662-e113fdd6bd5b.html。

方面,"一带一路"沿线国家的疫情持续,会影响全球产业链和价值链的正常运行。另一方面,疫情的全球蔓延会对"一带一路"沿线国家的旅游业等服务业造成重大冲击。由于旅游业是欧洲和东南亚多个国家的优先发展产业甚至是支柱产业,因疫情防控而采取的关闭公共场所、限制入境以及关停旅游景点等措施使得多国旅游业和相关服务业遭受重创,导致宏观经济表现疲软和失业风险上升。为应对疫情对服务业和服务贸易的不利影响,各国采取的主要措施包括重新开放边境、提供专项补贴、进行税收减免、提供更多的贷款渠道以及强化培训和就业推荐等。根据联合国世界旅游组织(UNWTO)的数据,业内专家和从业者普遍认为,预计到2024年,全球旅游业都难以完全恢复到疫情前的水平[①]。由于受到疫情防控的持续影响,"一带一路"沿线国家的国内旅游恢复进程或将领先于国际旅游,而休闲旅游恢复速度也将快于商务旅游。

从产业链合作和商贸经济往来的现实情况来看,"一带一路"沿线国家与倡议意向参与的潜在国家疫情暴发并持续蔓延,会对全球产业链造成影响。尽管中国的疫情防控工作及时高效,已经在相当程度上遏制了疫情的传播和不利影响,但由于"一带一路"沿线国家是全球产业链的重要环节,因此疫情对全球产业链的冲击依然对"一带一路"倡议构成了严峻挑战。例如,日本、韩国都是中国在"一带一路"贸易中的主要往来国,中日和中韩的贸易额都在2000亿元人民币左右。与此同时,中国也是日韩两国排名首位的进口国,每年中国都要从这两个国家进口数量庞大的中间商品。故而,从贸易相互依存的关系来看,日韩两国的疫情走势也必然会对中国相关产业和"一带一路"

---

① "Impact Assessment of the COVID – 19 Outbreak on International Tourism",December 2020,UNWTO,https://www.unwto.org/impact – assessment – of – the – covid – 19 – outbreak – on – international – tourism.

商贸经济形成一定冲击。① 此外，欧洲疫情的大面积暴发和持续蔓延也会对中国的外需贸易造成缺口。简而言之，疫情在全球范围内、特别是"一带一路"沿线国家的进一步升级，正严重冲击着中国与"一带一路"重要贸易伙伴的常态化经济合作。

---

① 陈宗胜、赵源、杨希雷：《"一带一路"沿线各国正经受疫情严重考验》，《国际融资》2020年第6期。

二 "一带一路"旅游合作的基础与潜力

丝绸之路是享誉世界的文化旅游名片。"一带一路"沿线国家汇聚了大量优质的自然资源和历史人文资源,且旅游市场开发潜力巨大。"一带一路"倡议的提出跳出旅游线路、旅游产品的层面,重新赋予旅游促进政治认同、政策融合、设施互通、经济合作、人员往来、文化交融的重任。这既为相关区域的旅游发展带来了空前机遇,也对旅游管理部门的总体协调提出了新的挑战。

近年来,"一带一路"沿线国家合作共识进一步增强,有利于民间组织发挥更多能动性的旅游平台建设扎实推进,特别是文化遗产旅游成为重点合作领域。从旅游业助推"一带一路"倡议的效果来看,入境旅游发展促进了国家之间的政策衔接,有利于基础设施建设效率的改善,有效推动了人民币国际化,为社会民众之间的互动交流提供了有效途径。不过也应看到,从基础设施、合作机制到旅游合作、文化沟通等,旅游业在助推"一带一路"倡议全面实施方面还面临不少瓶颈。

（一）现实基础

1. "一带一路"沿线地区拥有丰富的旅游资源

"一带一路"倡议辐射范围涵盖东盟、南亚、西亚、中亚、北非和欧洲，涉及65个国家、44亿人口，跨越东西方四大文明和世界四大宗教发源地。沿线地区历史悠久，文化灿烂，旅游资源富集。

自然资源方面，"一带一路"在陆上贯穿亚欧非大陆，在海上绵延数千公里。其中，"丝绸之路经济带"和"21世纪海上丝绸之路"的重点方向辐射范围覆盖东盟、南亚、西亚、中亚、北非和欧洲地区，地形地貌涵盖了沙漠、海洋、森林、高山、湖泊、冰川、草原和峡谷。根据世界旅游组织及世界银行的统计，"一带一路"沿线各国截至2013年年底共拥有18404个自然保护区，在全球自然保护区旅游资源中占比74.7%；共拥有62个世界自然遗产地，占全球自然遗产旅游资源的32.1%。

文化资源方面，"一带一路"囊括了世界四大文明古国和世界四大宗教发源地，文化遗产璀若星河。千百年来丝绸之路的人文互动和文化碰撞为人类文明发展提供了重要推动力，也令丝路文化旅游兼具多样性、民族性、神秘性和艺术性，有利于"一带一路"沿线国家旅游发展与文化软实力建设。世界旅游组织和世界银行的统计数据显示，"一带一路"沿线各国截至2013年年底共拥有382个世界文化遗产地，占世界文化遗产旅游资源总数的50.9%。中国、吉尔吉斯斯坦和哈萨克斯坦三国联合申报的"丝绸之路：长安—天山廊道的路网"项目得到批准，成为联合国教科文组织世界遗产名录中规模最大的文化遗产。

"一带一路"沿线65个国家以及中国所拥有的世界文化和

自然遗产数量如表2-1①所示。其中，中国和"一带一路"沿线各国共拥有456项世界遗产，占全球世界遗产总数②的比例为38.0%；拥有363项世界文化遗产，占全球比重为39.7%；拥有79项世界自然遗产，占全球比重为32.5%；拥有13项双重遗产，占全球比重为31.0%。

表2-1 "一带一路"沿线国家拥有世界文化和自然遗产的数量 （单位：个）

	世界遗产数量	文化遗产数量	自然遗产数量	双重遗产数量		世界遗产数量	文化遗产数量	自然遗产数量	双重遗产数量
蒙古国	5	3	2	0	斯里兰卡	8	6	2	0
新加坡	1	1	0	0	马尔代夫	0	0	0	0
马来西亚	4	2	2	0	尼泊尔	4	2	2	0
印度尼西亚	9	5	4	0	不丹	0	0	0	0
缅甸	2	2	0	0	哈萨克斯坦	5	3	2	0
泰国	5	3	2	0	乌兹别克斯坦	5	4	1	0

① 表2-1所指"一带一路"沿线国家具体包括：东亚的蒙古国，东盟国家（新加坡、马来西亚、印度尼西亚、缅甸、泰国、老挝、柬埔寨、越南、文莱和菲律宾）、西亚国家（伊朗、伊拉克、土耳其、叙利亚、约旦、黎巴嫩、以色列、巴勒斯坦、沙特阿拉伯、也门、阿曼、阿联酋、卡塔尔、科威特、巴林、希腊、塞浦路斯和埃及的西奈半岛）、南亚8国（印度、巴基斯坦、孟加拉国、阿富汗、斯里兰卡、马尔代夫、尼泊尔和不丹）、中亚5国（哈萨克斯坦、乌兹别克斯坦、土库曼斯坦、塔吉克斯坦和吉尔吉斯斯坦）、独联体7国（俄罗斯、乌克兰、白俄罗斯、格鲁吉亚、阿塞拜疆、亚美尼亚和摩尔多瓦）、中东欧16国（波兰、立陶宛、爱沙尼亚、拉脱维亚、捷克、斯洛伐克、匈牙利、斯洛文尼亚、克罗地亚、波黑、黑山、塞尔维亚、阿尔巴尼亚、罗马尼亚、保加利亚和北马其顿）。

② 根据2019年7月10日召开的第43届世界遗产委员会大会统计结果，《世界遗产名录》收录的全球世界遗产总数达到1199项，包括913项世界文化遗产（含文化景观遗产），244项自然遗产，42项文化与自然双重遗产。

续表

	世界遗产数量	文化遗产数量	自然遗产数量	双重遗产数量		世界遗产数量	文化遗产数量	自然遗产数量	双重遗产数量
老挝	3	3	0	0	土库曼斯坦	3	3	0	0
柬埔寨	3	3	0	0	塔吉克斯坦	2	1	1	0
越南	8	5	2	1	吉尔吉斯斯坦	3	2	1	0
文莱	0	0	0	0	俄罗斯	29	18	11	0
菲律宾	6	3	3	0	乌克兰	7	6	1	0
伊朗	24	22	2	0	白俄罗斯	4	3	1	0
伊拉克	6	5	0	1	格鲁吉亚	3	3	0	0
土耳其	19	16	0	2	阿塞拜疆	3	3	0	0
叙利亚	6	6	0	0	亚美尼亚	3	3	0	0
约旦	5	4	0	1	摩尔多瓦	1	1	0	0
黎巴嫩	5	5	0	0	波兰	16	15	1	0
以色列	9	9	0	0	立陶宛	4	4	0	0
巴勒斯坦	3	3	0	0	爱沙尼亚	2	2	0	0
沙特阿拉伯	5	5	0	0	拉脱维亚	2	2	0	0
也门	4	3	1	0	捷克	14	14	0	0
阿曼	5	5	0	0	斯洛伐克	7	5	2	0
阿联酋	1	1	0	0	匈牙利	8	7	1	0
卡塔尔	1	1	0	0	斯洛文尼亚	4	2	2	0
科威特	0	0	0	0	克罗地亚	10	8	2	0
巴林	3	3	0	0	波黑	3	3	0	0
希腊	18	16	0	2	黑山	4	3	1	0
塞浦路斯	3	3	0	0	塞尔维亚	5	5	0	0
埃及	7	6	1	0	阿尔巴尼亚	4	2	2	0
印度	38	30	7	1	罗马尼亚	8	6	2	0
巴基斯坦	6	6	0	0	保加利亚	10	7	3	0
孟加拉国	3	2	1	0	北马其顿	1	0	0	1
阿富汗	2	2	0	0	中国	55	37	14	4
合计	456	363	79	13					

资料来源：根据联合国教科文组织数据整理。

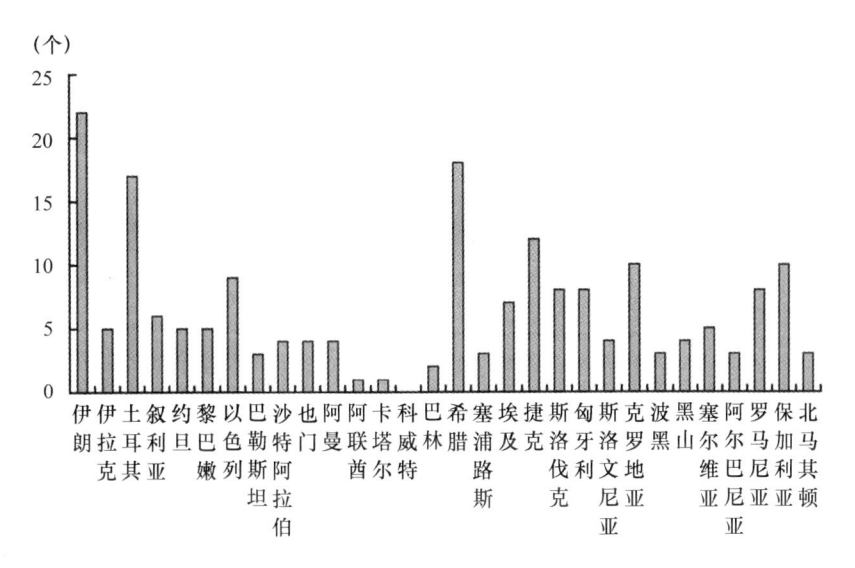

图 2-1 西亚、中东欧国家世界遗产数量

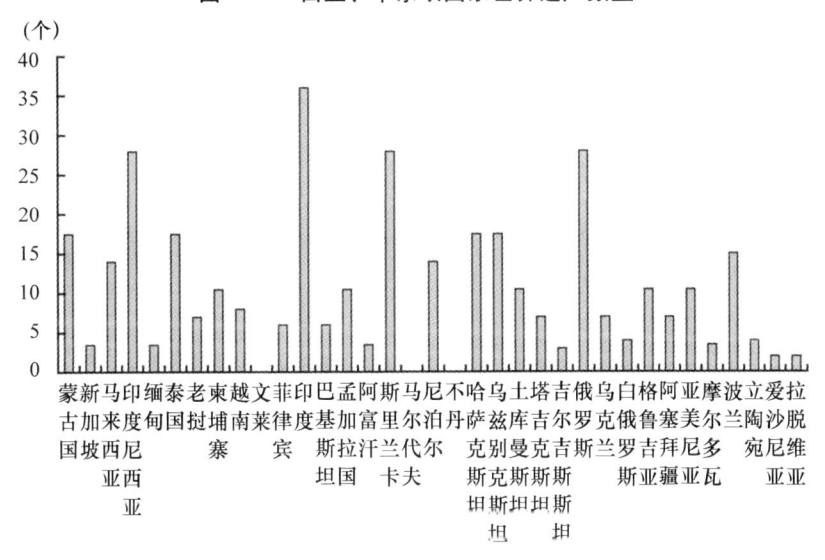

图 2-2 东南亚、南亚、中亚国家世界遗产数量

2. 丝绸之路是享誉世界的旅游名片

从历史来看，汉唐时期的陆上丝绸之路和宋明时期的海上丝绸之路分别在不同时期承载了中国与外界的经济和文化交往使命，对于东西方的货品交易和风物流通发挥了举足轻重的作用。无论是贯通欧洲与中国西北地区的陆上丝绸之路，还是连

接南太平洋与中国东南沿海的海上丝绸之路，无不充满了文化意象和商业机会，成就了丝绸之路的文化旅游名片。

新中国成立以来，特别是在改革开放和旅游业蓬勃发展的时代背景下，丝绸之路的旅游名片作用更加凸显。"十一五"时期，"丝绸之路旅游区"成为原国家旅游局重点向境内外游客推出的旅游线路。为了大力开发丝绸之路国际旅游线路，传播丝绸之路国际旅游品牌，原国家旅游局专门编制了《丝绸之路旅游区总体规划（2009—2020年）》。作为中国旅游业"十一五"规划优先规划发展的12个重点旅游区之一，"丝绸之路旅游区"是品牌知名度最高、国际影响最大的之一。

20世纪80年代，我国对于丝路文化软实力的建设就已开始，主要体现在学术交流、丝路品牌创建和跨国文化互动等方面。1988年，联合国教科文组织启动了"对话之路：丝绸之路整体性研究"。该项目汇聚各国智慧，推动了东西方交往过程中对全人类共同遗产的多元认同和文化互动。国际古迹遗址理事（ICOMOS）会于1998年成立了文化线路科学委员会。这意味着以"交流和对话"为重要特征的跨国家或跨地区文化路线得到国际文化遗产保护界的认同。在此背景下，丝绸之路文化品牌逐渐建立。

综合性的丝绸之路文化品牌的建立在客观上也推动了丝绸之路作为国际旅游品牌的建设。世界旅游组织（UNWTO）早在1993年就提出了基于丝绸之路的旅游主体构想，并启动了"丝绸之路项目"。该项目旨在号召和团结利益相关者，共同推动建立丝绸之路这一旅游品牌，并开展沿线自然与文化资源的开发和保护。联合国教科文组织与世界旅游组织于2013年共同发起了名为"丝绸之路遗产走廊"的战略项目，基于文化依托以支持丝路沿线各国旅游业的紧密合作，以期建立更为可靠、安全和无缝对接的新型跨国旅游体系。中国于2015年发布了《推动共建丝绸之路经济带和21世纪海上丝绸之路的愿景与行动》，提出了与丝路沿线各国一同开展相关世界遗产的申请和保护工作，从而进一步推动国际旅游合作深化，共同打造具备丝绸之路独特魅力的国际精品路线与旅游产品。

2014年6月，第38届世界遗产大会在卡塔尔首都多哈举行。会上，由中国、吉尔吉斯斯坦和哈萨克斯坦三国联合申报的"丝绸之路：长安—天山廊道的路网"项目得到批准。该项目沿线跨度约5000千米，涵盖了中心城镇遗迹、交通遗迹、商贸城市、关联遗迹和宗教遗迹5类代表性遗迹共计33处，其中包括考古遗产25个、历史建筑3个、古墓葬1个和石窟寺4个。"丝绸之路：长安—天山廊道的路网"项目申遗成功，不但使丝绸之路的国际化符号更加鲜明，更是"一带一路"文化跨国合作的新起点，为未来沿线国家跨国旅游合作奠定了坚实基础。

3. 旅游是"一带一路"互联互通的先行者

2014年，在参加"加强互联互通伙伴关系对话会"时习近平主席强调，应该发展丝绸之路特色旅游，让旅游合作和互联互通建设相互促进。旅游可以促进沿线国家的政策沟通、道路联通、贸易畅通、货币流通和民心相通，是夯实"一带一路"倡议的基础，也是推动沿线各国实现互联互通的引擎。

一方面，旅游是民心相通之最佳路径。"国之交在于民相亲，民相亲在于心相通"，"民心相通"是"一带一路"倡议的支撑与保障，必须切实做好"增进民心相通"这一基础工程。事实上，旅游是最朴素、最直接的民间外交，能够搭建起中国与世界各国的沟通桥梁，是促成各国人民和谐相处的情感纽带。作为人文交流的重要途径，旅游有助于促进各国游客往来、增进彼此了解。因此，在推动"一带一路"倡议实施的过程中，可以通过旅游活动增进人文交流与文明互鉴，促进沿线国家的民心相通。

另一方面，旅游是经济合作的重要渠道。无论是发达经济体还是发展中国家，凡具有旅游禀赋优势的"一带一路"沿线国家均十分重视旅游产业的发展，纷纷主张将包括旅游合作在内的经济合作列为推进"一带一路"倡议的优先议题。事实上，作为兼具融合性和综合带动作用的产业，旅游业的发展不但可以对直接关联产业发育产生促进作用，还可以有效带动基础设施的改善和属地居民生产生活方式的转变。充分发挥旅游业包容性和带动性强的独特优势，可以促进不同国家、不同民族甚至不同文明之间在经济、技术、环境等方面的全方位合作，实现旅游合作和互联互通建设互促发展。具体而言，旅游业的强大带动性体现在其生产和消费必然涉及交通、住宿、餐饮、购物等多个产业环节，旅游业的发展壮大，能够带动相应的配套设施建设。客流增长能够实现物流、信息流、资金流的有效聚合，从而带动"一带一路"沿线国家立体式、全方位和多领域的合作。

综上所述，在"一带一路"倡议的推进和实施过程中，旅游既是民心相通的最佳途径，也是经济合作的重要领域。沿线国家的旅游合作在相当程度上促进了跨区域、国界和洲际的政策融合、政治认同、经济合作、文化交融、人员往来和设施互通。因此，在推动实现"一带一路"沿线国家互联互通的进程中，旅游是不可或缺的经济催化剂、人心凝聚剂和文化融合剂，理应进一步巩固并发挥其先导作用。

（二）未来潜力

1. 承载着潜力巨大的旅游市场

从经济和人口规模来看，"一带一路"沿线国家横跨欧亚非大陆，涵盖了人口数量接近 48 亿、经济总量超过 33 万亿美元的区域范围，承载着欧洲和亚洲两大主要国际旅游客源地和目的地。2019 年全球 230 个国家人口总数约为 75.85 亿人，"一带一路"沿线65个国家以及中国的人口数总计47.55亿人，占全球人口的比重达62.69%。经济方面，2019年全球230个国家的GDP总量约为87.75万亿美元，"一带一路"沿线65个国家以及中国的GDP总和超过33.81万亿美元，占全球GDP的比重超过38.53%。由此可见，"一带一路"沿线国家人口数量庞大，且具备一定的经济基础，这为"一带一路"沿线国家开发旅游市场奠定了坚实基础。

表2-2 "一带一路"沿线国家旅游业或旅游开发产业领域定位情况

	所属板块	代表国家	国家数量
将旅游业或旅游开发列为优先发展领域的国家	东亚	蒙古国	1
	东南亚	老挝、柬埔寨、缅甸、马来西亚、越南、菲律宾	6
	南亚	尼泊尔、巴基斯坦、斯里兰卡	3
	西亚北非	埃及、塞浦路斯、以色列、希腊、沙特阿拉伯、约旦、也门、阿联酋	8
	中东欧	波黑、阿尔巴尼亚、拉脱维亚、克罗地亚、罗马尼亚、立陶宛、斯洛文尼亚、北马其顿、匈牙利	9
	中亚	吉尔吉斯斯坦	1
	独联体	格鲁吉亚、阿塞拜疆、亚美尼亚	3
将旅游业或旅游开发列为重点发展领域的国家	东南亚	泰国	1
	中亚	乌兹别克斯坦、土库曼斯坦	2
	西亚北非	沙特阿拉伯	1
	中东欧	波兰	1
	独联体	格鲁吉亚	1

资料来源：计金标、梁昊光主编：《"一带一路"投资安全蓝皮书：中国"一带一路"投资安全研究报告（2018）》，社会科学文献出版社2018年版。

在该区域内，有不少国家竞争力和国家旅游竞争力双强的国家（见表2-3），沿线国家与中国的旅游交往也正在日益密切。这些都为整个区域的旅游发展提供了良好条件。

表2-3　"一带一路"沿线国家竞争力与旅游竞争力情况

国家竞争力强、旅游竞争力强	国家竞争力强、旅游竞争力弱
新加坡（2、11）；德国（5、3）；阿联酋（12、24）；卡塔尔（16、43）；马来西亚（20、25）；法国（23、2）；中国（28、17）；爱沙尼亚（29、38）泰国（31、35）；印度尼西亚（34、50）；西班牙（35、1）；捷克（37、37）；立陶宛（41、59）；拉脱维亚（42、53）；波兰（48、47）；巴林（44、60）；土耳其（43、46）；阿曼（46、65）；意大利（49、8）；俄罗斯（53、45）；保加利亚（54、49）；罗马尼亚（59、66）；匈牙利（60、41）；黑山（67、67）；斯洛文尼亚（70、39）	以色列（27、72）、阿塞拜疆（38、84）；科威特（40、103）；哈萨克斯坦（50、85）；菲律宾（52、74）；北马其顿（63、82）；约旦（63、77）；越南（68、75）；格鲁吉亚（69、71）
国家竞争力弱、旅游竞争力强	国家竞争力弱、旅游竞争力弱
印度（71、52）；斯里兰卡（73、63）；斯洛伐克（75、61）；克罗地亚（77、33）；希腊（81、31）	摩尔多瓦（82、111）；伊朗（83、97）；萨尔瓦多（83、91）；亚美尼亚（85、89）；塔吉克斯坦（91、119）；老挝（93、96）；95）；柬埔寨（95、105）；阿尔巴尼亚（97、106）；蒙古国（98、99）；吉尔吉斯斯坦（108、116）；黎巴嫩（113、94）；埃及（119、83）；巴基斯坦（129、125）；缅甸（134、134）；也门（142、138）

注：括号后的数字分别为该经济体国家竞争力和旅游竞争力排名；在总计140个左右的国家中，竞争力排名在前70位的为较强国，70位以后的为较弱国。

资料来源：根据2016年世界旅游经济论坛《国家竞争力报告》和《旅游竞争力报告》综合整理而成。

表2-4　2019年"一带一路"沿线国家人口数及经济总量　（单位：人，亿美元）

	人口数	GDP		人口数	GDP
蒙古国	3225167	138.53	斯里兰卡	21803000	840.09
新加坡	5703569	3720.63	马尔代夫	530953	57.29
马来西亚	31949777	3647.02	尼泊尔	28608710	306.41
印度尼西亚	270625568	11191.90	不丹	763092	—
缅甸	54045420	760.86	哈萨克斯坦	18513930	1801.62

续表

	人口数	GDP		人口数	GDP
泰国	69625582	55436.50	乌兹别克斯坦	33580650	579.21
老挝	7169455	181.74	土库曼斯坦	5942089	—
柬埔寨	16486542	270.89	塔吉克斯坦	9321018	81.17
越南	96462106	2619.21	吉尔吉斯斯坦	6456900	84.55
文莱	433285	134.69	俄罗斯	144373535	16998.80
菲律宾	108116615	3767.96	乌克兰	44385155	1537.81
伊朗	82913906	—	白俄罗斯	9466856	630.80
伊拉克	39309783	2340.94	格鲁吉亚	3720382	177.43
土耳其	83429615	7544.12	阿塞拜疆	10023318	480.48
叙利亚	17070135	—	亚美尼亚	2957731	136.73
约旦	10101694	437.44	摩尔多瓦	2657637	119.55
黎巴嫩	6855713	533.67	波兰	37970874	5921.64
以色列	9053300	3950.99	立陶宛	2786844	542.19
巴勒斯坦	—	—	爱沙尼亚	1326590	313.87
沙特阿拉伯	34268528	7929.67	拉脱维亚	1912789	341.17
也门	29161922	—	捷克	10669709	2464.89
阿曼	4974986	769.83	斯洛伐克	5454073	1054.22
阿联酋	9770529	4211.42	匈牙利	9769949	1609.67
卡塔尔	2832067	1834.66	斯洛文尼亚	2087946	537.42
科威特	4207083	1347.61	克罗地亚	4067500	604.16
巴林	1641172	385.74	波黑	3301000	200.48
希腊	10716322	2098.53	黑山	622137	54.95
塞浦路斯	1198575	245.65	塞尔维亚	6944975	514.09
埃及	100388073	3031.75	阿尔巴尼亚	2854191	152.78
印度	1366417754	28751.40	罗马尼亚	19356544	2500.77
巴基斯坦	216565318	2782.22	保加利亚	6975761	679.27
孟加拉国	163046161	3025.71	北马其顿	2083459	126.95
阿富汗	38041754	191.01	中国	1397715000	143429.00
合计	4754811773	338161.75			

资料来源：世界银行。

入境旅游方面，在全球经济进入整体下行的背景下，大部分"一带一路"沿线经济体均面临着经济发展转型的严峻考验。利用自然和人文资源优势大力发展旅游业、克服发展中国家资本积累不足的增长阻力已成为"一带一路"沿线国家的普遍共识。近年来"一带一路"沿线国家都积极出台相应的产业发展政策。根据世界旅游组织的相关统计，截至2019年，全球旅游市场基本在3%—4%间保持着增长，而"一带一路"沿线中的40余个经济体，其同期入境旅游却保持了年均高于5%的增长速度，高于全球旅游业总体增速。具体数据如表2-5所示。

表2-5　　　　"一带一路"沿线国家中入境旅游人次
年均增长5%以上的经济体　　　（单位：千人，%）

	入境旅游人次	2010—2018年增长率		入境旅游人次	2010—2018年增长率
新加坡	14673	6.06	吉尔吉斯斯坦	423	6.32
印度尼西亚	15810	10.71	白俄罗斯	11501.6	77.02
缅甸	3551	20.63	格鲁吉亚	4757	20.54
泰国	38178	11.54	阿塞拜疆	2633	9.43
老挝	3770	10.71	亚美尼亚	1652	11.65
柬埔寨	6201	11.98	摩尔多瓦	160	12.14
越南	15498	15.05	波兰	19622	5.83
菲律宾	7168	9.30	立陶宛	2825	8.17
伊朗	7295	12.04	捷克	10611	6.66
阿曼	2301	6.02	斯洛伐克	2256	6.86
科威特	8508	6.33	匈牙利	17552	7.96
希腊	30123	9.10	斯洛文尼亚	4425	10.10
塞浦路斯	3939	7.72	克罗地亚	16645	7.82
印度	17423	14.80	波黑	1053	14.16
斯里兰卡	2334	17.24	黑山	2077	8.42
马尔代夫	1484	8.17	塞尔维亚	1711	12.16
尼泊尔	1173	8.67	阿尔巴尼亚	5340	11.78

续表

	入境旅游人次	2010—2018年增长率		入境旅游人次	2010—2018年增长率
不丹	274	26.80	罗马尼亚	11720	5.74
哈萨克斯坦	8789	10.01	保加利亚	9273	5.49
乌兹别克斯坦	5346	23.70	北马其顿	707	13.21
塔吉克斯坦	1035	26.29			

资料来源：联合国世界旅游组织。

出境旅游方面，每年中国赴"一带一路"沿线国家旅游的出境游客人次逐步攀升。欧睿统计数据显示（如图2-3），"一带一路"沿线国家接待中国游客人次已由2010年的715.83万人次增长到2019年的3751.33万人次，十年间年均增速达20.21%。另外，从"一带一路"沿线国家接待中国游客人次占中国出境旅游人次的比重来看，2010年该比重仅为21.00%，而2019年这一比重增长至34.61%。同程旅游发布的《2019中国居民"一带一路"出境游大数据报告》表明，中国已成为"一带一路"沿线国家越南、泰国、马来西亚、新加坡、俄罗斯和柬埔寨等入境游的首位客源国。由此可见，中国作为全球最大的出境旅游市场，对"一带一路"沿线国家国际旅游发展的贡献愈加明显。

2. 或可成为旅游自由贸易区

20世纪80年代末期至今，世界旅游组织、世界旅游业理事会、国际航空运输协会等机构一直积极促进各丝绸之路成员国签证开放与办理手续的便利化。"一带一路"倡议的提出，则让"丝绸之路"超越了旅游产品、旅游线路的范畴，赋予旅游促进跨区域、跨国界、跨洲际政治认同、政策融合、设施互通、经济合作、人员往来、文化交融的功能。"一带一路"旅游合作的推进，将促进沿线国家的旅游可持续发展，提高地方社区福利，

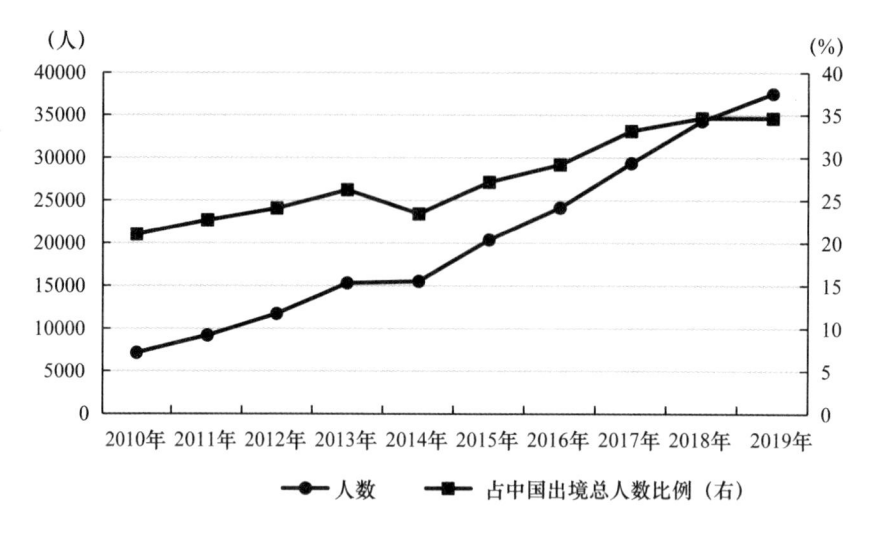

图 2-3 "一带一路"沿线国家接待中国游客人数及占比

刺激投资，保护沿线文化与自然遗产。通过各方的积极努力，"一带一路"旅游发展将经历从松散联盟走向一体化的过程，未来有可能成为一个大的旅游区，甚至是旅游自由贸易区。沿线国家将通过旅游基础设施联通、服务标准对接、品牌共享与联合市场营销、天空开放、单一签证、安全联动等合作，逐步实现旅游一体化。

三 "一带一路"旅游合作的行动与举措

自"一带一路"倡议提出以来，中国政府坚持共商、共建、共享原则，不断扩大与沿线国家和相关机构的合作共识，稳步推进各项工作有序开展。"一带一路"从倡议到行动，从理念到实践，已发展成为当今世界规模最大的国际合作平台和备受瞩目的国际公共产品。"一带一路"沿线国家和重要城市的政府部门结合本国国情和城市特色，努力寻求自身发展战略与"一带一路"倡议的对接。具体到旅游业而言，在中央政府、地方政府、旅游企业、社会力量以及国际组织等的共同努力下，"一带一路"旅游交流合作不断扩大和深化。

（一）中央政府

1. 明确发展任务

国家发展和改革委员会等三部委于2015年3月联合发布了《推动共建丝绸之路经济带和21世纪海上丝绸之路的愿景与行动》，文件明确提出"加强旅游合作，扩大旅游规模，联合打造具有丝绸之路特色的国际精品旅游线路和旅游产品"。为了实现这一发展目标，围绕"'一带一路'，旅游先行"的核心主线，提出了一些具体要求。例如加强"一带一路"沿线国家间的旅游合作，不断扩大旅游规模，通过互办旅游推广周及旅游宣传月等活动。沿线国家联合打造具有丝绸之路魅力特色的国际级精品旅游线路与旅游产品，提升"一带一路"沿线各国在游客签证上的便利化水平；持续推动"21世纪海上丝绸之路"主题邮轮旅游合作；积极拓展体育交流和竞技活动，大力支持"一带一路"沿线国家重大国际体育赛事的申办工作；等等。

2021年3月公布的《中华人民共和国国民经济和社会发展第十四个五年规划和2035年远景目标纲要》中明确提出，要推动共建"一带一路"高质量发展，并着重强调要加强发展战略和政策对接、推进基础设施互联互通、深化经贸投资务实合作和架设文明互学互鉴桥梁。2021年4月，文化和旅游部印发《"十四五"文化和旅游发展规划》，明确提出高质量推进"一带一路"旅游发展，着力实现"一带一路"民心相通。通过征集遴选旅游产业国际合作重点项目的方式，给予投融资、宣传推介、人员培训等支持和服务，以增进文化和旅游国际交流，加强中外文明交流互鉴。2021年7月，文化和旅游部印发《"十四五""一带一路"文化和旅游发展行动计划》，明确了"十四五"时期健全合作机制和交流平台、全面提升品牌建设水平，构建"一带一路"文化和旅游发展的全方位发展新格局，以及推动区域协同发展、实现对外交流迈上新台阶等三大任务，并配套了"一带一路"文化和旅游交流合作务实推进计划、平台巩固计划、品牌提升计划、产业促进行动、旅游体系建设提升计划等方面的内容，切实推进"一带一路"文化和旅游工作高质量发展。

2. 强化合作机制

2013—2019年，中国与"一带一路"沿线各国共签署双边旅游、文化合作文件达116份，推动建立了中国—中东欧、中国—东盟和中俄蒙等一系列双边和多边文化旅游合作体制机制，完善中国与意大利、法国、英国、南非等国家的人文交流机制，不断拓展中国与"一带一路"倡议沿线延长国家的相互合作空间。与此同时，中国还先后举办了首次中国—东盟旅游部门会议、首次中国—中东欧国家旅游合作高级别会议、首届中俄蒙旅游部长会议、首届中国—南亚旅游部长会议等活动，组织或参与了上海合作组织、东盟、金砖国家等区域性会议。另外，中国为加强与"一带一路"沿线及延长线上重点国家的合作，先后举办中俄、中美、中国—中东欧、中澳、中丹、中瑞、中哈、中国—东盟等旅游年活动，并在双方旅游年合作框架下广泛开展民众喜闻乐见的旅游推广与文化交流活动。丝绸之路国际图书馆联盟、丝绸之路国际剧院联盟、丝绸之路国际博物馆联盟、丝绸之路国际美术馆联盟和丝绸之路国际艺术节联盟等5个合作联盟逐步建立并完善。截至2020年11月底，丝绸之路国际剧院联盟、博物馆联盟、艺术节联盟、图书馆联盟、美术馆联盟共有国内外成员单位512家，其中中国以外成员单位338家，国内成员单位174家。中国还指导成立了陆上丝绸之路旅游推广联盟、海上丝绸之路旅游推广联盟以及"万里茶道"国际旅游推广联盟，这些联盟组织为推动沿线国家互联互通和跨区域合作开辟了新渠道。

3. 凝聚发展共识

2015年6月，联合国世界旅游组织和原中国国家旅游局在陕西西安联合召开了丝绸之路旅游部长会议暨第七届联合国世界旅游组织丝绸之路旅游国际大会。这是丝绸之路旅游最高级别的国际会议。为进一步增进沿线国家的旅游交流与合作，各国旅游部长围绕扩大人员交流规模、提升旅游便利化水平、联合开展推广活动、提升旅游交流品质等议题开展了深入讨论，并发布《丝绸之路旅游部长会议西安倡议》。2016年5月，我国与世界旅游组织共同主办了第一届世界旅游发展大会，会议围绕"旅游促进发展""旅游促进和平"和"旅游促进扶贫"三个议题，开展主旨演讲、高峰论坛等活动。与会各方共同启动"2017国际可持续旅游发展年"，发布了《北京宣言——推动可持续旅游，促进发展与和平》，并就此提出了具体倡议，呼吁"通过推动'一带一路'倡议落实等多种举措，加强各国间的互联互通，不断提升旅游便利化水平，支持并开展区域旅游合作"。

4. 加大对外推广

自"一带一路"倡议提出以来，多个宣传推广平台成功搭建，着力开拓新兴客源市场。例如，中国先后在曼谷和布达佩斯以及阿斯塔纳成立旅游办事处，完成了巴黎和悉尼两座城市的中国旅游体验中心建设等。截至2019年年底，中国已在"一带一路"沿线国家设立19个中国文化中心、7个旅游办事处。中国文化中心逐渐成为"一带一路"沿线民众了解中国传统文化和我国当代发展成就的重要平台。中国连续多年以"美丽中国—丝绸之路旅游年"为主题进行系列宣传推广，成功打造敦煌行·丝绸之路国际旅游节、丝绸之路（敦煌）国际文化博览会、丝绸之路国际旅游博览会、丝绸之路国际艺术节、海上丝绸之路国际旅游节、中国新疆国际民族舞蹈节和海上丝绸之路国际艺术节等综合性会展节庆活动，以及"丝路之旅""欢乐春节""美丽中国""中非文化聚焦"等文化和旅游品牌，开展"青年汉学研修计划""中华文化讲堂""千年运河""天路之旅""阿拉伯艺术节""意会中国""丝绸之路文化之旅""丝绸之路文化使者"等活动。

5. 加强遗产合作

陆上丝绸之路方面，中国、吉尔吉斯斯坦和哈萨克斯坦三国共同申报的"丝绸之路：长安—天山廊道"顺利入选联合国教科文组织世界遗产名录。2017年，嘉峪关长城（中国）与佩特拉古城（约旦）以姊妹世界文化遗产地形式缔结合作。佩特拉古城是约旦现有5处世界遗产中申报较早、保护和旅游开发较好的遗产地之一。借助这一合作契机，中约双方建立了文化交流机制。2019年，依托于中国丝绸博物馆的国际丝绸之路与跨文化交流研究中心正式成立，并于2020年6月首次发布《丝绸之路文化遗产年报》。

海上丝绸之路方面，中国积极参与援助"濒危文化遗产保护国际基金"建设，通过智力支持和捐款资助推动"海上丝绸之路"国际研究、保护和联合申遗，举办"海上丝绸之路沉船与贸易瓷器国际馆长论坛"等活动。我国联合海上丝绸之路的沿线国家，在联合国教科文组织的协调下推进"海上丝绸之路"的联合申遗。

2013—2018年，中国与沿线国家举办"华夏瑰宝展""海上丝绸之路主题文物展"等文化遗产展览54次；与缅甸和柬埔寨等11个国家分别签署了12份有关文物安全和文化遗产方面的谅解备忘录和双边协定。截至2019年4月，中国与"一带一路"沿线国家开展援外文物合作保护和涉外联合考古工作，共与6国开展了8个援外文物合作项目，与12国开展了15个联合考古项目等。中沙（特）塞林港联合考古、柬埔寨吴哥古迹、缅甸蒲甘"他冰瑜"寺、乌兹别克斯坦花剌子模州希瓦古城、尼泊尔震后文物古籍保护修复等重大文化援助工程取得了显著的社会效益。2013年至今，与沿线国家举办"华夏瑰宝展""海上丝绸之路主题文物展"等文化遗产展览近60次。2019年，"全球汉籍合璧工程"推动了海外中华古籍的数字化回归和重点古籍的保护工作。

6. 促进旅游往来

随着"一带一路"倡议不断深入推进，边境旅游试验区逐渐成为深化沿线国家经贸往来、创新沿边经济合作模式的重要途径。2015年12月，《关于支持沿边重点地区开发开放若干政策措施的意见》（以下简称《意见》）由国务院印发。在"提升旅游开放水平，促进边境旅游繁荣发展"部分，明确旅游部门牵头、各相关部门参与，共同推进"改革边境旅游管理制度""研究发展跨境旅游合作区""探索建设边境旅游试验区"以及"加强旅游支撑能力建设"等重点工作。2016年7月，参照《中共中央关于全面深化改革若干重大问题的决定》及《意见》内容要求，原国家旅游局落实推动了边境旅游试验区和跨境旅游合作区工作，出台了《跨境旅游合作区建设指南》和《关于加快推动跨境旅游合作区工作的通知》，积极开展跨境国际旅游合作体制机制的探索。2018年4月，广西防城港和内蒙古满洲里边境旅游试验区经国务院同意设立。同年，文化和旅游部等10部门联合印发了《内蒙古满洲里、广西防城港边境旅游试验区建设实施方案》。

2019年，中国共有1.55亿人次出境旅游。与"一带一路"沿线国家双向往来超过7000万人次，俄罗斯、缅甸、蒙古国、越南、马来西亚、新加坡、菲律宾等"一带一路"沿线国家成为中国主要的客源市场。

（二）地方政府

1. 明确自身定位

国家发展改革委员会等三部委联合发布的《推动共建丝绸之路经济带和21世纪海上丝绸之路的愿景与行动》中，明确了各省以及主要城市在"一带一路"中的定位（见表3-1）。

表3-1　　　　　　部分省份在"一带一路"中的定位

新疆	形成丝绸之路经济带上重要的交通枢纽、商贸物流和文化科教中心，打造丝绸之路经济带核心区
陕西、甘肃、宁夏、青海	形成面向中亚、南亚、西亚国家的通道、商贸物流枢纽、重要产业和人文交流基地

续表

内蒙古、黑龙江、吉林、辽宁	向北开放的重要窗口
广西	构建面向东盟区域的国际通道，打造西南、中南地区开放发展新的战略支点，形成"21世纪海上丝绸之路"与"丝绸之路经济带"有机衔接的重要门户
云南	打造大湄公河次区域经济合作新高地，建设成为面向南亚、东南亚的辐射中心
福建	建设"21世纪海上丝绸之路"核心区
上海、浙江、广东	成为"一带一路"特别是"21世纪海上丝绸之路"建设的排头兵和主力军
海南	"一带一路"倡议中的桥头堡作用

资料来源：根据《推动共建丝绸之路经济带和21世纪海上丝绸之路的愿景与行动》整理。

近些年，各省市根据"一带一路"的总体部署并结合自身情况，从不同方面加以推进。例如，陕西围绕打造丝绸之路经济带新起点、建设内陆改革开放高地积极努力，提出发展枢纽经济、门户经济、流动经济"三大经济"，出台《丝绸之路经济带旅游行动纲要》《陕西丝绸之路起点旅游发展规划》等，每年印发《"一带一路"建设行动计划》，着力打造黄河旅游带、大秦岭人文生态旅游度假圈和丝绸之路起点风情体验旅游走廊"三大旅游高地"。新疆围绕"丝绸之路经济带核心区"的目标定位，借力"一带一路"开创对外开放新格局。甘肃依托口岸经济与经贸合作平台，推动对外开放层次提升，举办敦煌文博会、兰洽会、药博会等。宁夏紧抓"一带一路"倡议机遇，实施三大通道建设。青海依托青洽会平台，与国内中东部省区以及"一带一路"沿线国家和地区展开贸易合作。浙江提出建设"一带一路"战略经贸合作区、贸易物流枢纽区和"网上丝绸之路"试验区，构筑东西互济、陆海统筹、南北贯通的"一带一路"开放新格局。福建制定并实施建设海丝核心区方案，在加快设施互联互通、深化多元经贸往来、推进国际产能合作、加强海洋合作、密切人文交流、创新体制机制等方面做出努力。

2. 制定实施方案

自 2013 年至今，推进"一带一路"建设工作的领导小组已在 31 个省区市以及香港和澳门建立，建设的总体规划、行动计划或实施方案等也已发布。各相关地区纷纷将"一带一路"建设列入政府工作报告，明确自身的战略定位、发展目标和重点任务。例如，甘肃印发《新时代甘肃融入"一带一路"建设打造文化制高点实施方案》和《甘肃丝绸之路经济带建设大景区总体规划纲要》，提出建设河西走廊国家遗产线路，建设"一带一路"文化生态景观带，将敦煌—嘉峪关—张掖—武威—兰州串联打造成国际文化旅游风景廊道。江西下发《旅游产业高质量发展三年行动计划（2019—2021 年）》，实践探索"一带一路"中国瓷器之路旅游联盟，并计划在沿线国家与地区设立名为"江西之窗"的海外营销中心。

3. 完善合作机制

各地加强与相关国家的合作。例如，江苏与亚美尼亚签署合作协议，推动两地居民往来、旅游发展经验分享、旅游市场开发、旅游信息共享、节庆活动举办等，鼓励两地旅游行业加强相互投资。宁夏与迪拜旅游局签订合作协议，在迪拜设立旅游营销中心。广西与澜沧江—湄公河流域其他 5 个国家共同拟定《澜沧江—湄公河旅游城市合作联盟概念方案》和《澜沧江—湄公河旅游城市合作联盟章程》，推动跨境旅游合作区建设机制体制建立。福建设立 5 家"福建文化海外驿站"（马来西亚、澳大利亚、菲律宾、阿根廷、日本）、7 家"福建海外旅游合作推广中心"（马来西亚、印度尼西亚、日本、菲律宾、澳大利亚、新加坡、英国），实现文化和旅游交流合作的机制化、常态化。广西与 8 个东盟国家已经建立了国际合作园区，其中包括了中国—印度尼西亚经贸合作区、中国—马来西亚（钦州）和关丹"两国双园"等，并通过植入旅游要素持续推进相关合作；继续推进靖西—龙邦、东兴—芒街等跨境旅游合作区的建设工作；指导百色市（靖西、那坡）、防城港市和崇左市积极申报国家边境旅游试验区，将崇左和防城港两市边境旅游试验区大力建设成为边境版的国家全域旅游示范区；依照中越两国协定，持续推进中越德天—板约这一跨境旅游合作区的建设。

4. 提高通达能力

江西开通直飞柬埔寨西哈努克国际航线，开通并扩大南昌至日韩、东南亚、澳洲等国际航线，提升航空口岸便利通关条件。陕西不断优化旅游交通体系，西安咸阳国际机场通达全球36个国家、74个主要枢纽和经济旅游城市，其中通达"一带一路"沿线20个国家的43个城市，"一带一路"沿线国家覆盖率超过30%，并对51个国家公民实施144小时过境免签，开行西安至莫斯科、阿拉木图、华沙和汉堡等地的"长安号"中欧班列。

5. 开展联合营销

2016年7月中蒙俄三国成立了"万里茶道"国际旅游联盟，依托联盟加强三国跨境旅游合作，并联合开发"万里茶道"主题国际旅游产品，同时还共同举办"万里茶道 探访之旅""万里茶道—相识之旅"等丰富多彩的宣传推广活动，力图将拥有近300年历史的国际茶叶贸易通道一步步打造成为全球知名的跨国精品旅游线路。甘肃、宁夏、新疆等12个丝绸之路沿线省区市旅游局和新疆建设兵团旅游局共同发起陆上丝绸之路旅游推广联盟，并发表《嘉峪关宣言》，按照统一品牌、统一形象的原则，围绕丝绸之路统一打造旅游品牌，在建设立体化旅游交通网络体系、制作丝绸之路旅游宣传片、举办"敦煌行·丝绸之路国际旅游节"、推出丝绸之路全线跨国汽车游和自驾游、打造丝绸之路黄金段大景区等多方面联合协作，实现产品互补、资源共享、市场互动、品牌共塑。福建联合天津、山东、江苏、上海、海南等9省区市以及香港、澳门特别行政区共同成立"中国海上丝绸之路旅游推广联盟"，在海上丝绸之路沿线国家主要城市设立"中国海上丝绸之路联合推广中心"。宁波与泉州、北海、广州和斯里兰卡、阿联酋、埃及等国城市的旅游企业成立"海丝古港旅游合作联盟"，加强海丝古港城市之间的联系与交流。泉州、广州、宁波、南京四城签订《海上丝绸之路保护与申遗中国城市联盟章程》《中国海上丝绸之路保护与申遗城市联盟关于保护海上丝绸之路遗产的联合协定》。云南积极推动成立澜沧江—湄公河旅游城市合作联盟等。

6. 组织相关活动

福建组织大型舞剧《丝海梦寻》巡演、《丝路帆远》大型文物精品图片展等系列活动。四川实施"中俄两河流域合作计划"以扩大文化交流，组织文化机构和企业参加阿布扎比中国贸易周、上海国际艺术节等国际性展会。依托于中国—阿拉伯国家博览会平台以及国际航线开通等契机，宁夏逐渐成为阿拉伯国家与中国往来的桥梁与纽带，并通过"宁夏—迪拜旅游年"活动和中阿旅行商大会开展系列交流。云南与南亚和东南亚国家开发双边和多边旅游展会、旅游推介会、旅游论坛等平台和渠道。贵州开展贵州文化与"一带一路"专题研讨，研究制定贵州文化融入"一带一路"实施方案，扎实推进贵州文化融入"一带一路"重点项目。

（三）相关企业

1. 发展海外业务

诸多旅游企业加大对"一带一路"沿线国家的投入和相关

旅游产品的推广。以携程为例，截至 2019 年，其平台上的"一带一路"相关旅游线路已超过 80000 条，欧洲、东南亚线路占到 90% 以上，向"一带一路"沿线国家输送了超过 300 万中国游客，推出的"'一带一路''复兴号'欧洲环线房车游"等备受游客青睐。在诸多旅游企业，尤其是渠道型企业的努力下，克罗地亚、摩洛哥、乌克兰等小众目的地，逐渐进入更多中国游客视线。网约导游也在许多"一带一路"沿线国家成为新的旅游职业。据统计，目前有 1300 余名导游在携程上注册成为"一带一路"沿线国家的当地向导，占所有海外国家的 43%。

2. 加大海外投资

近年来，越来越多的企业在"一带一路"沿线国家投资旅游产品或产业，投资业态、投资主体、投资模式和投资区域呈现出多元化特征。

从投资业态来看，一开始主要聚焦于旅行社、酒店和餐饮等行业。2017 年以后，与"一带一路"倡议相关的旅游投资重心发生了显著的变化。餐饮和酒店等投资日渐趋冷，而能够促进消费与产业升级的新业态逐渐受到关注。中国国旅等企业分别在印度、马尔代夫和柬埔寨等地投资在线旅游、水上飞机及免税店等业务，进一步打开了旅游产业的运作空间，以多元化和创新性投资不断优化海外旅游投资的产业布局。

从投资主体来看，涉及"一带一路"倡议的旅游投资由非典型旅游企业和典型旅游企业两类主体构成。其中，将旅游作为配套或辅助性业务的能源、农业和地产等企业为非典型旅游企业，而典型旅游企业则主要是指中国国旅、海航集团、港中旅、广之旅等一般传统意义上主营旅游业务的企业。目前，社会资本跨界投资旅游业热情高涨，投资主体除中国旅游集团（国旅）和海航等以旅游为主营业务的典型企业之外，中国城市建设集团等在内的一批非典型旅游企业也纷纷加入对"一带一路"沿线国家旅游投资的队伍之中。值得关注的是，非典型旅游企业在旅游对外投资中的作用日渐显现，已成为中国在"一带一路"沿线国家旅游投资中重要的组成部分。此外，在"一带一路"旅游投资企业中，民营企业占比达90%，其跨国经营水平和投资实力显著提升，并在布局大旅游生态圈、创新旅游投资业态等方面扮演重要角色。

从投资模式看，中国企业的"一带一路"旅游投资初期更多采用股权投资与绿地投资相结合的方式。这虽然在快速占领东道国市场等方面具备优势，但也在管理成本、经济效益和文化适应等方面存在较高风险。近年来中国企业开始重视在"一带一路"沿线国家酒店及文化旅游领域的品牌与管理输出。这对改变中国旅游经营主体小而散的市场状况、扩大中国旅游企业在沿线国家的品牌号召力和影响力都产生了重要作用。

从投资区域看，截至2017年年末，中国向23个"一带一路"沿线国家开展了旅游投资，其中对泰国、柬埔寨和俄罗斯的投资位列前三。2017年文化和旅游部数据中心数据显示，泰国是"一带一路"旅游目的地热度排名最高的国家，东南亚地区的国家均位列前七，俄罗斯排名为第八位。"一带一路"旅游目的地热度与中国旅游对外投资活动在空间上呈现出耦合性。综合来看，旅游企业对"海上丝绸之路"的投资数量要显著多于"陆上丝绸之路"。究其根源，东南亚国家与中国文化相似、空间近邻，加上独特的旅游资源、便捷的交通条件和庞大的旅游经济规模，使其成为我国在"一带一路"沿线旅游对外投资的重点。

（四）社会力量

1. 成立民间机构

2016年4月，中欧在"一带一路"倡议框架下旨在促进文化与旅游合作的首个民间机构——"一带一路"欧中文化旅游委员会正式成立。为落实第一届"一带一路"国际合作高峰论坛上习近平主席发起的重要倡议,进一步加强丝绸之路沿线各国的民间交流与合作,凝聚民间力量共建"一带一路",中国民间组织国际交流促进会于2017年11月发起成立了"丝绸之路沿线民间组织合作网络"。截至2019年4月,丝绸之路沿线民间组织合作网络的成员已达310家,涉及69个国家和地区。在沿线各国民间组织的大力支持和积极参与下,合作网络规模不断扩大,成效日益凸显,成为沿线民间组织积极推动"一带一路"建设的重要平台。

2. 组织专业会议

2017年3月,世界旅游城市联合会在马来西亚的槟城州举办了首届亚太旅游论坛。该论坛主题设定为"'一带一路'旅游走廊与节点城市建设",呼吁积极谋划"一带一路"沿线国家旅游走廊建设,着力打造一大批"一带一路"旅游节点城市,强化旅游城市与企业间的互动交流和合作,为世界旅游注入创新动力。世界旅游城市联合会在论坛上发布了《"一带一路"旅游走廊节点城市建设倡议》,倡议全体会员从基础设施建设、旅游产品开发、旅游标准制定、发展咨询服务、旅游投资融资、人才交流培训、旅游宣传推介和数据信息共享等多方面积极与"一带一路"倡议对接,力争在"一带一路"沿线国家旅游走廊节点城市建设上为全球旅游合作发展探索更多经验。2017年8月,以"牵手高铁丝路·共谋旅游合作"为主题的2017丝绸之路高铁城市旅游合作大会在陕西省宝鸡市召开,会议举行了"乘高铁 游丝路"旅游名城推介会、丝绸之路高铁城市旅游线路设计研讨会和2017丝绸之路高铁城市旅游局长圆桌会议等一系列合作交流活动。高铁沿线城市的旅游管理部门代表充分讨论并形成了《丝绸之路高铁城市旅游合作共识》，来自全国14个省区市的32个丝绸之路高铁沿线城市发布了《丝绸之路高铁城市旅游合作宣言》，正式启动"旅游+高铁+城市"合作，使古丝绸之路沿线的美景以更加快捷的方式全面走进游客视野。2017年9月，联合国世界旅游组织（UNWTO）第22届全体大会在四川成都举办，来自130多个国家的旅游政要、旅游从业者齐聚成都，商讨联合打造丝绸之路旅游品牌，大力开发一程多站的创新旅游产品，不断丰富丝路沿线区域的旅游产品供给；进一步加强旅游市场合作，推动客源互送和市场互换；推动实现旅游信息共享，加大旅游领域的统计合作；在旅游签证上进一步简化，不断提升旅游便利化水平。与会期间，原国家旅游局与世界旅游组织共同筹办了"一带一路"国家旅游部长圆桌会议，参会各国旅游部长就深化丝绸之路沿线国家旅游合作发表意见和建议，成立"一带一路"国家与地区旅游合作共同体的倡议得到通过，并发布了《"一带一路"旅游合作成都倡议》。

2018年10月，在第四届阿拉伯艺术节暨中阿城市文化和旅游论坛期间，中阿双方代表围绕"文化和旅游：让世界更加和平美好"这一主题，针对文化和旅游领域的多个议题积极分享发展经验，共同探讨伙伴关系。成都、青岛、武汉、宁波等14个中国城市与卡塔尔多哈市、摩洛哥马拉喀什市等9个阿拉伯国家城市代表一致通过《中阿城市文化和旅游合作成都倡议》，共同弘扬丝路精神、促进文化和旅游融合发展。2019年11月，世界旅游城市联合会与撒马尔罕州政府及上海合作组织三方共同主办，以"'一带一路'——旅游合作与发展"为主题的世界旅游城市联合会中亚地区旅游会议在历史文化名城撒马尔罕市（乌兹别克斯坦）举行。会议就"一带一路"沿线国家如何更好地依托各自的旅游资源和区域特色优势进行了交流，提出加强沿线相关国家及旅游城市之间的互动交流，因地制宜地为中亚地区提供可借鉴的旅游发展模式，以推动中亚和世界各地旅游业的深度融合与共同发展。

世界旅游组织（UNWTO）推出了《"丝绸之路"行动计划》，以促进丝路沿线各方在刺激投资、减少贫困以及维护文化和环境资源等领域加强合作。同时，世界旅游组织携手世界旅游业理事会、国际航空运输协会为促进各成员国签证事务而努力，期望能促进各丝绸之路成员国签证开放与办理手续现代化。

3. 举办会展活动

我国积极举办了多届敦煌行·丝绸之路国际旅游节、丝绸之路（敦煌）国际文化博览会、丝绸之路国际旅游博览会、丝绸之路国际艺术节、海上丝绸之路国际旅游节、中国新疆国际民族舞蹈节和海上丝绸之路国际艺术节等围绕"一带一路"主题的综合性会展节庆活动。第二十届北京国际旅游节以"中非丝路情 相聚在北京"为主题，围绕"一带一路"倡议，打造了一场汇聚国际风情的艺术盛宴，整个盛装行进表演通过"北京欢迎你""中非丝路情""融合与创造""东方与西方"和"激情与梦想"五大篇章，展示北京作为国际交往中心的开放与包容，表达了责任共担、合作共赢、幸福共享、文化共兴、安全共筑、和谐共生和携手共建人类命运共同体的美好愿景。

此外，世界旅游联盟、世界旅游城市联合会、世界旅游经济论坛、中国—中东欧国家智库交流与合作网络、中国—东盟中心等机构和平台在推动中国与相关区域国家的文化和旅游交流合作方面发挥着越来越重要的作用。

四 "一带一路"旅游合作重点区域深度调查

在全面了解"一带一路"旅游合作整体进展的基础上,在此选择中国与中东欧和中蒙俄作为重点,深入研究其旅游合作成效和面临难题。

(一) 中国与中东欧旅游交流合作

1. 中国与中东欧合作

(1) 合作意义

中东欧南扼亚得里亚海和黑海可进入地中海,北临波罗的海。中东欧地区具有独特的地理位置,不仅是亚欧大陆相互联通的核心通道,更是连接中国和亚欧大陆的重要门户,也是中国进入欧洲的桥头堡。从地理位置、地缘政治、经济地位、经贸往来等各个角度来看,加强与中东欧的交流合作具有重要意义。中东欧国家在"一带一路"建设中的地位可谓举足轻重,是"一带一路"倡议全面推进的关键所在。

近年来,受国际金融危机冲击,欧元区陷入政府债务泥潭,复苏乏力。中东欧国家作为重要的新兴市场,与中国的人均收入相近,发展阶段相似,双方经济的互补性较强,深度发展双边贸易合作具有较为牢固的经济基础。2009 年,匈牙利提出了"向东开放"政策,波兰则于 2012 年正式启动"走向中国"战略，塞尔维亚也于同年倡导"两扇门"外交政策以兼顾东西双方利益。在此背景下，中国—中东欧国家领导人首次会晤于2012年4月在波兰华沙举行。2013年，"一带一路"倡议的提出则为这一平台提供了全新机遇。

（2）合作进展

中国—中东欧国家领导人自2012年4月首次会晤以来，相关持续推进，从无到有、从浅入深，从照顾多样性的松散型合作迈向了凝聚共识的机制化合作，在政治、基础设施、经贸、金融、投资和人文交流等不同领域都取得了较为丰硕的成果。

近年来，中国同捷克、塞尔维亚、波兰、匈牙利、保加利亚、希腊等国分别缔结、提升或加强了战略伙伴关系（全面战略伙伴关系），中国在中东欧地区的战略合作伙伴已经达到6个，新增战略伙伴关系为3个。中国从无到有与捷克（2016年）和匈牙利（2017年）建立了战略伙伴关系，将与塞尔维亚和波兰建立的战略伙伴关系转变为全面战略伙伴关系（2016年），而与匈牙利之间关系也从友好合作伙伴关系提升成为全面战略伙伴关系（2017年）。

"多层级"是中东欧国家与中国合作所呈现的显著特点，既有像中国与欧盟这样的超国家层面多边合作，也有国与国之间的双边合作，同时还有地方层级的相互合作。中国—中东欧国家之间合作在政策协调、经贸投资、互联互通、地方合作、科技创新和人文沟通等不同领域有序开展，并已形成宽领域、多层次的格局。

①合作机制

中国于2012年在外交部设立了中国—中东欧国家合作秘书处这一特设机构，负责协调面向中东欧的协作和合作。中东欧相关国家也各自指定机构或任命国家协调员加强与秘书处的交流对接。截至2017年10月底，中东欧国家和中国一共举行了国家协调员会议达10次。在秘书处以及国家协调员会议之外，中国和中东欧国家还联合建立了覆盖多个领域的相互协调机制，如交通基础设施合作联合会、投资促进机构联系机制、联合商会执行机构、物流合作联合会和农业合作促进联合会等。以此类平台为基础所形成的交通部长会议、农业部长会议、文化部长论坛、卫生部长会议和首都市长论坛等都取得显著成效。目前，双方已建成或筹建中的协调机制覆盖了经贸、旅游、投资、交通、技术、物流、卫生和智库等诸多领域。以中方倡议发起的两年一届的中国—中东欧国家文化合作部长论坛为例，其已是引领双方文化领域开展多层次、全方位、宽领域交流与合作十分重要的运行机制，各国部长受邀出席论坛，使其成为地区间分量最重和级别最高的多边交流活动，也是中国—中东欧国家文化合作的最重要平台——合作内容涵盖了合作平台建设、专业论坛、人员互访、成果展示、青年交流和开展调研等。

据初步统计，已建成和在建的中国—中东欧国家合作平台已近40个，分布于投资、旅游、文化以及农业等不同领域。

总体来看，从《中国—中东欧国家合作布加勒斯特纲要》出台到《中国—中东欧国家合作贝尔格莱德纲要》制定，再到《中国—中东欧国家合作苏州纲要》以及《中国—中东欧国家合作中期规划》等方案推出，合作框架和行动路线越来越清晰。

②地方合作

地方合作是中国和中东欧国家合作的一个特色。目前依托"一带一路"地方合作委员会、"市长论坛"以及地方领导人会议，各领域的合作不断深化。近年来先后四次举办中国—中东欧国家地方领导人会议，并于2016年6月通过了《中国—中东欧国家地方省州长联合会章程》。"市长论坛"也是双方在地方合作上的一个重要平台，包括"中国—中东欧国家市长论坛"（已举办三届）和"中国—中东欧国家首都市长论坛"（已举办四届）等不同形式。此外，自2013年以来，中国与波兰地方合作论坛连续举办过多届。杭州市人民政府和中国人民对外友好协会联合发起并成立的"一带一路"地方合作委员会将秘书处设在杭州,目前全球已有近70个城市和机构加入。

近年来,河北、重庆、成都、苏州、宁波等省市纷纷立足本地特色,积极开展同中东欧国家合作,取得了初步成效。一是友好城市越来越多。截至2016年,59对友好城市在中国与中东欧国家的省级层面结对形成,这一数字在地区城市层面则达到了92对。二是受益于双边地方合作推动,双方城市间开通了更多直飞航线和多趟班列,进一步加强了中国与中东欧国家城市间的密切联系。三是地方之间的合作日渐发展成为双方经贸与人文交流的显著力量。重庆与唐山分别承办首次(2013年)和第三次中国和中东欧国家地方领导人会议(2016年),宁波于2015—2017年连续三年举办中国—中东欧国家投资贸易博览会,苏州于2015年承办第四次中国—中东欧国家领导人峰会,北京则积极推动2016首届"16+1"首都市长论坛等。

③中欧班列

中国与中东欧地方合作的另一重要形式是中欧班列,随着时间推移其重要性也越来越凸显。自中国铁路"中欧班列"统一品牌正式启用(2016年6月)至2019年7月三年间,中欧班列累计开行1.7万列,通达15个欧洲国家的51个城市。国家发改委于2016年10月公布了《中欧班列建设发展规划(2016—2020)》,成为中欧班列发展历史上首个顶层设计。我国建立了四个进口贸易促进示范区,分布于上海、苏州、天津和宁波四个城市,以应对回程货源不足的问题,并组织了三届中国国际进口博览会(截至2020年年末)。在促进中国与"一带一路"沿线国家特别是中国与中东欧国家间合作上,中欧班列的常态化运营发挥了十分重要的作用。

④贸易合作

自中国—中东欧国家合作机制创建以来,产业合作从伊始的基础设施发展到新能源、汽车、化工、高新技术以及生物医药等诸多领域,产业合作方式也从绿地投资、贸易往来逐步延伸至股权合作、项目合作、联合研发和科技合作等不同方式,双边经贸合作全面蓬勃发展。《中国对外直接投资统计公报(2019)》数据显示,2018年中国对中东欧17个国家的直接投资达6.65亿美元,直接投资存量超22亿美元,达22.87亿美元。中国与中东欧国家的双边贸易额在中欧总贸易额中所占比例不断升高。其中波兰、捷克、匈牙利和斯洛伐克与中国的贸易额位居前四位,中国也是这四国在亚洲的最大贸易伙伴。到2019年年底,共有7家中东欧地区境外经贸合作区有中国企业参与投资。

表4-1　　　　　中国和中东欧国家贸易增长率　　　　（单位:%）

	2012年	2013年	2014年	2015年	2016年
波兰	10.8	3.0	16.1	-0.6	3.2
捷克	-12.6	8.3	16.2	0.3	0
匈牙利	-12.9	4.3	7.3	-10.6	10.1
斯洛伐克	1.8	7.6	-5.2	-18.9	4.8
爱沙尼亚	2.5	-4.4	4.7	-13.4	-1.1
拉脱维亚	10.0	6.7	-0.7	-20.2	2.3
立陶宛	21.0	5.3	0.1	-25.8	7.7
罗马尼亚	-14.2	6.7	17.8	-6	9.9
保加利亚	29.4	9.8	4.4	-17.1	-8.3
斯洛文尼亚	-2.9	17.2	8.8	2.5	13.6
克罗地亚	-15.2	8.8	-24.5	-2.7	7.4
波黑	-1.9	60.3	185.8	-64.1	-5.4
黑山	63.6	-38.8	106.1	-24.7	-10/8
北马其顿	-7.5	-24.9	-2.1	31.3	-37.6
塞尔维亚	8.5	19.1	-17.5	2.2	8.2
阿尔巴尼亚	11.6	15.8	1.7	-1.5	13.9

资料来源:根据"一带一路"网(https://www.yidaiyilu.gov.cn/jcsjpc.htm)数据测算得出。

⑤行业协作机制

各行业联合会、协调机制和协调中心也是中国与中东欧合作的一种普遍形式。2014—2018年，中国与中东欧在地方政府层面成立了几十家协调中心与联合会，包括2014年8月在布拉格成立的"中国—中东欧国家地方省州长联合会"、2015年6月在索菲亚成立的"中国—中东欧国家农业合作促进会"、2015年12月在华沙成立的"中国—中东欧国家联合商会"以及2016年5月在里加成立的"中国—中东欧国家物流合作联合会"等。《杜布罗夫尼克纲要》于2019年4月发布，讨论建立包括"信息通信技术协调机制"（克罗地亚）、"海关信息中心"（匈牙利）、"创意中心"（黑山）、"智慧城市中心"（罗马尼亚）和"区块链中心"（斯洛伐克）等在内的多个行业协调机制。

2. 与"一带一路"倡议的有效对接

中国—中东欧合作框架启动于2012年，2013年"一带一路"倡议提出后，前者与后者实现有效对接。从2013年的罗马尼亚布加勒斯特总理峰会到2018年的索菲亚峰会，"一带一路"倡议都作为重要内容被列入总理会晤纲要之中。目前，中国与中东欧国家正朝着多层级、宽领域的合作格局迈进。交流层级涵盖国家领导人会晤、协调员会议、部长级会议以及地方领导人会议等，涉及经贸、旅游、农业、教育、文化等多个合作领域。

一是中国—中东欧合作机制成为政策沟通平台，助推"一带一路"建设。基于该沟通平台，从最高领导层到具体决策机构再到合作领域的具体协调人与负责人，实现了上中下三个层级的政策沟通对接，有效推进了一批重要项目的合作，达成了一系列的重要战略共识。

二是中国—中东欧合作机制在中欧互联互通推进上奠定了良好基础。通过该框架，中欧陆海快线成为海上丝绸之路的推进抓手，中欧班列和新欧亚大陆桥成为陆上丝绸之路的重要倚靠。新亚欧大陆桥是世界上最"年轻"的一条大陆桥，东起中国港口连云港，西至荷兰鹿特丹和比利时安特卫普等重要港口，总长近10900千米，横贯了亚欧两个大洲的中部地带，连接40余国。中国先后开通了到达或者通往中东欧的多条班列，成为"一带一路"陆上交通运输的主要载体。中欧海上丝绸之路的标志性工程——中欧陆海快线，使中欧间海运时间大大缩短（7—11天），中欧最短距离海运航线由此开辟。除此之外，一批具体合作项目也纷纷落地。除匈塞铁路外，塞尔维亚的"泽蒙—博尔察"大桥、黑山巴尔市至塞尔维亚边境的公路项目和黑山南北高速公路项目等均进展顺利。

三是贸易和投资明显增长。在一系列利好政策支持下，中国与中东欧国家之间的贸易和投资出现明显增长的态势。目前中国对中东欧投资达到90多亿美元。从贸易角度看，2017年中国从中东欧进口增速（24%）已远高于对其出口增速（13.1%），双方贸易不平衡在减少。

四是中国—中东欧合作机制为"一带一路"提供多项资金保障。中国创立了中国—中东欧投资合作基金、100亿美元专项基金、中国—中东欧基金和中国—中东欧金融控股有限公司等各种金融支持工具。

五是中国—中东欧合作机制对"一带一路"民心相通产生有力推动，一系列新举措加强了民间的交流与交往，极大丰富了中国与中东欧间的民间交流渠道。

3. 中国与中东欧旅游交流合作

目前，中国同中东欧已搭建起了一个多层级（国家领导人会晤、协调员会议、部长级会议以及地方领导人会议）、宽领域（经贸、农业、旅游、教育、文化等）、全方位（中央政府、地方政府、企业、智库学界等）的网状交流与合作平台。中国—中东欧国家旅游合作深入发展，双向旅游交流规模不断扩大，旅游合作已成为中国—中东欧国家合作的新增长点。

(1) 合作背景

2012年4月，首次中国—中东欧国家领导人会晤在波兰首都华沙举行。同年中国—中东欧国家合作秘书处在北京成立，并举行首次各国协调员会议，标志着中国—中东欧国家合作迈入了一个崭新的阶段。2013年7月，首次中国—中东欧国家地方领导人会议在重庆召开，使得"以经贸合作为方式、以地方合作为平台"的中国—中东欧合作进一步具体化，在"布达佩斯原则"和"布加勒斯特原则"指引下，2013年中国与中东欧友好城市活动达到一个高峰，当年双方11对城市结好。

2013年9月，习近平主席倡议用新的合作模式共建丝绸之路经济带。2013年11月，《中国—中东欧合作布加勒斯特纲要》发布，支持中国—中东欧国家旅游促进机构以及旅游企业联合会建立。次年5月，中国—中东欧国家旅游促进机构及旅游企业联合会协调中心在布达佩斯正式成立，同时《中国—中东欧旅游促进机构与旅游企业联合会行动计划》签署，成为中国—中东欧6个多边合作机制的重要组成部分之一。该机制在相互支持宣传推广和互送客源等方面进一步深化了双方的旅游合作，主要开展的工作包括开通中英文双语网站，共建共享旅游数据库，推出满足双方游客需求的精品旅游线路等。16个中东欧国家与中国原国家旅游局签署了协定，在匈牙利布达佩斯成立了中国—中东欧国家旅游促进机构和旅游企业联合会协调中心，并举行了第一次高级别会议。2014年，中国宁波市与8个中东欧城市缔结友好关系，分别签署了《两市建立友好关系协议书》《两市建立友好关系备忘录》《两市建立交流关系备忘录》《两市加强经贸教育合作备忘录》等。2015年3月，中国—中东欧国家旅游合作促进年启动仪式在布达佩斯举行，同年8—9月在斯洛文尼亚布莱德举行了第二次双方旅游部门高级别会议。习近平主席2015年11月会见了参加第四次中国—中东欧国家领导人会晤的各国领导人,并于次年3月和6月对捷克、塞尔维亚及波兰进行了国事访问。中东欧国家旅游部门负责人于2016年5月来华参加了首届世界旅游发展大会,中国则于2017年前三个月,参加了捷克、斯洛伐克、塞尔维亚和匈牙利等国举办的旅游博览会。至2018年7月,中国—中东欧国家领导人会晤成功举办7次,在《中国—中东欧国家合作中期规划》基础上,《中国—中东欧国家合作索非亚纲要》正式发布。2019年4月在克罗地亚杜布罗夫尼克举行了第八次中国—中东欧国家领导人会晤,《中国—中东欧国家合作杜布罗夫尼克纲要》正式制定并发布。

2019年,中东欧国家与中国间双边贸易额已突破900亿美元,达到954.2亿美元。截至2019年6月底,中国对中东欧国家已累计直接投资30.5亿美元,而间接投资则已经超过120亿美元。即便是在新冠肺炎疫情防控的困难时期,双方之间的合作仍在持续推进。中欧班列运行次数屡创新高,加上中国—中东欧国家特色农产品云上博览会、中国品牌商品(中东欧)展和中国—中东欧中小企业线上对洽会等多个线上展会举办,为中东欧中小企业应对疫情冲击提供了支持。

表4-1　　中国与中东欧合作重要文件(2012—2019年)

	签署文件
2012年	《中国关于促进与中东欧国家友好合作的十二项举措》
2013年	《中国—中东欧国家合作布加勒斯特纲要》
2014年	《中国—中东欧国家合作贝尔格莱德纲要》
2015年	《中国—中东欧国家合作中期规划》
2015年	《中国—中东欧国家合作苏州纲要》
2016年	《中国—中东欧国家合作里加纲要》
2017年	《中国—中东欧国家合作布达佩斯纲要》
2018年	《中国—中东欧国家合作索非亚纲要》
2019年	《中国—中东欧国家合作杜布罗夫尼克纲要》

资料来源:根据网络资料整理。

(2) 合作进展

中东欧国家均为我国公民出境旅游目的地（Approved Destination Status，ADS）。中国—中东欧国家旅游促进机构和企业联合会于 2014 年 5 月在布达佩斯成立。中国驻布达佩斯旅游办事处则于 2016 年 3 月正式成立，这是原国家旅游局在中东欧地区设立的第一个办事处。2014 年至今，中国和中东欧国家已召开过四次旅游合作高级别会议。捷克、波兰等国在中国成立多个旅游办事处，并在各地举办多种形式的营销活动。中东欧国家连年参加中国国际旅游交易会、世界旅游经济论坛等重大活动，国内多个省、直辖市、自治区陆续在中东欧举办系列活动，双方还协同成功举办"中国—中东欧国家旅游合作促进年"活动。

表 4-2　　中国—中东欧国家旅游合作高级别会议

	时间	地点	研究事项及达成成果
第一次	2014 年 5 月 22 日	匈牙利首都布达佩斯	与会各方讨论通过并签署了《中国—中东欧国家旅游合作首次高级别会议纪要（含行动计划）》；中国—中东欧国家旅游促进机构以及旅游企业联合会协调中心正式揭牌
第二次	2015 年 9 月 2 日	斯洛文尼亚布莱德	讨论了 2016 年双方关于线路、航线及产品的宣传战略与具体行动方案；呼吁深化双方旅游关系，扩大游客往来规模；《中国与中东欧国家旅游合作积极参与"一带一路"倡议意向书》签署
第三次	2017 年 11 月 24 日	波黑首都萨拉热窝	与会各方代表就进一步深化中国与中东欧各国间的旅游合作展开磋商
第四次	2018 年 9 月 18 日至 20 日	克罗地亚杜布罗夫尼克	在加强交流与合作以及旅游资源整合等方面达成共识；中国与克罗地亚签署旅游合作谅解备忘录
第五次	2019 年 10 月 23 日	拉脱维亚首都里加	中国与斯洛伐克签署了《中华人民共和国文化和旅游部与斯洛伐克共和国交通建设部关于旅游合作的备忘录》

在签证便利化方面，中国于2016年开始对中东欧国家公民实行过境免签政策（72小时内），其中，塞尔维亚成为第一个与我国建立普通护照签证互免的国家；2018年，中国与波黑互免签证协定落地；匈牙利等中东欧国家在中国增设多个签证中心。在往来航班方面，中国国航等航空公司先后开通北京到布达佩斯、布拉格和华沙等地的6条航线。受此推动，2011—2016年，中国与中东欧国家旅游交流人数增长146.3%，由50.7万人次迅猛增长至124.9万人次。2013—2017年，中国公民赴中东欧地区旅游人次累计增幅高达221%，年均增幅超过26%。在中东欧各国中，最受中国游客欢迎的是捷克、匈牙利、克罗地亚和波兰，2017年中国公民赴上述四国旅游分别达到49万、23万、16万和13万人次。全球著名的旅游咨询公司Forward Keys和欧洲旅游委员会共同完成的一项调查显示，2018年5—8月，中国游客赴中东欧国家旅游数量同比增长10.3%。与此同时，中东欧赴华旅游总量有限、增幅较大。2016年，中东欧国家赴中国旅游人次为30.98万，同比增长15.6%。

4. 中国与中东欧旅游合作：以波兰、捷克、匈牙利三国为例

在"一带一路"倡议和中国—中东欧合作框架下，中国同波兰、捷克、匈牙利三国在旅游领域的合作得到长足发展。

（1）中波旅游交流合作

波兰，是中东欧地区人口最多、面积和经济总量最大的国家，地处欧洲的"心脏地带"和"十字路口"，是中国在中东欧地区的第一大贸易合作伙伴。中波两国在地理上虽然相距甚远，但却有着悠久深厚的交流历史，波兰也是最先承认并与新中国建交（两国于1949年建交）的国家之一。2011年，波兰与中国的战略伙伴关系建立，"一带一路"倡议和中国—中东欧合作机制提出之后，双方各领域交流合作不断深化。中波两国

2015年签署推进"一带一路"建设谅解备忘录，进一步夯实了两国各领域交流合作的基础。习近平总书记2016年访问波兰后，两国之间交往更加密切。近年来，双方人文领域的交流机制和项目逐渐规范化，主要包括文化创意产业论坛、文化合作论坛、文化遗产论坛、互译出版合作项目、国家舞蹈夏令营、图书馆联盟馆长论坛以及非物质文化遗产保护专家级论坛等。

目前，中国和波兰有35对友好城市。2016年9月波兰在北京、上海、广州和成都设立签证申请中心，此后在长沙、济南、沈阳、西安、杭州、南京、福州、深圳、重庆和昆明等设立新的签证申请中心，目前签证中心数量达到14个。中波双方签署了包括海关管理、深化中欧班列、旅游合作等在内的一系列文件。其中《波兰共和国政府和中华人民共和国政府在旅游领域的协定》于2018年3月6日生效。2018年6月，中国驻波兰大使刘光源拜会波兰体育与旅游部部长维托尔德·班卡，双方就进一步推动两国在旅游领域的交流与合作交换意见。2017年由北京联合大学与波兰托伦哥白尼大学共同建立的"中波旅游文化中心"成立仪式在北京联合大学举行。

2018年中国社会科学院课题组在波兰进行调查发现，波兰社会总体上对"一带一路"倡议有所了解并表示欢迎。有学者指出，虽然波兰在历史上并非古代丝绸之路的组成部分，但波兰以极大的兴趣和热情看待"一带一路"倡议。波兰体育和旅游部官员表示，波兰希望加强两国之间的旅游往来。近年来，到波兰的中国游客数量增长很快，10年间增加了650%，2017年为13万人。中国游客通常在波兰度过3天2夜，团体旅游占主导地位。中国旅行团更愿意访问华沙、格但斯克、佛罗兹瓦夫和克拉科夫等大城市。波兰方面高度重视中国市场。在波兰旅游组织编写的《2012—2020年波兰旅游部门营销战略》中，中国在波兰入境旅游最重要的国家名单中名列第二（仅次于德国）。与此同时，波兰到中国旅游的游客增长也较快。

(2) 中捷旅游交流合作

捷克同样地处欧洲的"心脏地带"和"十字路口"。捷克社会民主党联合政府2014年执政后，中捷关系成为该国对外政策优先发展的方向之一。在中东欧地区，捷克已是中国第二大贸易伙伴国，同时也是第五大对华出口国，在欧盟国家其对华出口仅次于德国、斯洛伐克、比利时和匈牙利。相应地，中国也是捷克第二大进口来源国和第四大贸易伙伴国。

随着两国政治、经济、人文、技术等各领域交流与合作向纵深发展，旅游交流更加频繁。2014年11月，中捷两国签署了关于旅游合作的谅解备忘录。2015年，访问捷克的中国游客数量急剧增长，达到28.5万人次，2016年为35.4万人次，2017年达到50万人次。

目前，捷克旅游局在北京、上海和香港设立了代表处。北京、上海、成都和西安与布拉格实现直航。中国华信能源收购了Invia 90%的股权，其也是捷克国内最大的旅游零售商。怡海集团（中国）与弗兰季谢克温泉有限公司（捷克）则在西捷克州旅游基础设施收购和修缮上签署协议。

(3) 中匈旅游交流合作

匈牙利民族对东方文化有着天然的亲近感，这可能与其亚洲起源有关。匈牙利于2010年提出"向东开放"政策，其中一个重要内容就是发展对华关系。"一带一路"倡议经中方提出后，匈牙利快速予以积极响应。"一带一路"倡议与匈方"向东开放"政策实现有效对接。在目前的中东欧地区，匈牙利是中资机构、华侨华人和华商集中度较高的国家，并创造了诸多与中国双边关系的"第一"，如欧洲国家中第一个签署"一带一路"建设政府间合作协议的国家、中东欧国家中第一个设立人民币清算银行的国家、第一个建立并启动"一带一路"工作组机制的国家等。

匈牙利于2015年成为欧洲第一个和中国签订"一带一路"

谅解备忘录的国家，并于2016年同中国设立"一带一路"工作小组机制。匈牙利首都布达佩斯是中国—中东欧合作的发起地。中国国际航空公司2015年5月开通了北京与布达佩斯间的直航；同月，中国—中东欧国家旅游促进机构以及旅游企业联合会在匈牙利布达佩斯成立。

在中东欧国家中，匈牙利是中国人出境旅游的第二大目的地国，仅次于捷克。除北京和上海签证中心外，匈牙利陆续在沈阳、杭州、深圳、武汉、昆明、西安等地设立11个签证分中心。在中国赴匈牙利旅游方面，除团队线路外，个人自助游也日趋普遍，且呈现主题化、深度游趋势。就旅行社包价产品而言，匈牙利、奥地利和捷克作为一条经典线路被称为"金三角"（维也纳—布达佩斯—布拉格），目前也有更多国家纳入。相对于中国赴匈牙利旅游人数，匈牙利来华旅游人数较少。

5. 面临制约与存在问题

通过对波兰、捷克、匈牙利等国家的深度调研，我们发现，尽管中国与中东欧合作取得了一定成效，但其巨大潜力的释放仍面临一些制约。主要体现在如下6个方面。

一是相关国家普通民众对"一带一路"倡议了解不多。在调研中我们发现，尽管"一带一路"倡议得到中东欧各国政府部门的响应和支持，但普通民众对其了解不多。例如，波兰华沙维斯杜拉大学（Vistula University）中国研究中心的学者提出，他们对于什么是"一带一路"、何为"一带"、何为"一路"都不了解，也不清楚"一带一路"倡议和历史上的丝绸之路是什么关系，更何况普通民众。捷克知名汉学家乌金女士指出，尽管"一带一路"倡议使中捷文化交流在既有基础上变得更加密切，但是在捷克主流媒体上，很少看到有关"一带一路"的报道或宣传，普通民众对此缺乏了解。布达佩斯节庆和旅游中心及匈牙利旅游相关协会的人员也反映，匈牙利人对中国很关注，但公众对"一带一路"并不了解,主流媒体上的专门宣传较少。

二是各领域、各主体活动之间缺乏联动。"一带一路"建设辐射地域广、涉及领域宽,是一项系统工程,不同主体广泛参与、相关领域积极推进非常重要。在具体执行中,各领域、各主体的参与和推进要统一协调。调研中我们发现,商贸投资、教育、文化、基础设施建设和旅游等领域之间沟通较少,协同不足;甚至是在同一领域,不同主体之间也沟通有限,整合不足。例如,捷克有机构反映,近年来自中国的考察团、调研团不少,组织活动水平参差不齐;国内不同省市的旅游营销活动零星分散,缺乏协调。部分中方机构在捷克举办的活动并未取得应有的效果,各种性质、类型、背景的商会、协会、联合会等平台良莠不齐。

三是合作机制松散,效率有待提高。以中东欧旅游为例,先后举办了五次旅游合作高级别会议,并于2014年成立中国—中东欧国家旅游促进机构以及企业联合会。在所调研的三个国家中,中国仅和波兰单独签署了合作协议。实际上,中东欧国家不仅自身存在较大差异,而且与中国的历史渊源、经济往来、文化和旅游交流也各不相同。仅从是否属于欧盟成员、申根区、欧元区等方面来看,就有较大差别;从旅游操作的角度来看,在签证、货币兑换等问题上也无法等同。由于各种原因,中国—中东欧国家旅游促进机构和企业联合会尚难发挥应有的协调作用。

四是合作内容仍显笼统。一方面,中国—中东欧旅游合作高级别会议讨论的议题内容基本雷同,至今仍处于起步阶段,在合作机制、合作内容、合作方式、合作效果等方面未有明显的推进和深化;另一方面,双方间旅游促进机构及企业联合会尽管已经于2014年成立,但其协调作用并未得到有效发挥。

五是旅游合作交流以政府为主,社会力量参与较少。不管是"一带一路"倡议的推进,还是中国—中东欧合作的深化,都需要政府、企业、媒体、智库、公众等各个主体的共同努力。从中国与中东欧国家旅游交流合作来看,目前仍以国家和各省市地方的政府部门为主,行业协会、民间组织、相关企业虽有参与,但其作用尚未得到有效发挥。在智库交流方面,目前也未建立长效机制,仅为部分零星的分散交流。

六是来华旅游市场增速迟缓。中国与沿线各国旅游往来日益频繁,但是从游客的流向来看,仍以中国向外输送客源为主,来华旅游市场增长缓慢。总体而言,沿线国家赴中国旅游游客规模小、增速慢,而中国出境到这些国家的游客规模大、增速快。2017年,"一带一路"沿线国家赴中国旅游1064万人次,而中国出境到这些国家的游客则为2741万人次。就中国与中东欧国家的游客往来而言,来华游客仅为中国公民赴中东欧游客的22.6%,不足1/4。尽管这与双方的人口规模有较大关系(中东欧国家人口大约1.2亿人),但也在一定程度上说明我国入境旅游的产品更新和目的地营销等仍然存在不足。尤其值得关注的是,目前中东欧16国旅华客源仍以公务和商务为主,休闲旅游比例相对较低。这与中国赴上述国家的游客结构形成鲜明对比。

(二) 中蒙俄旅游交流与合作

1. 中蒙俄合作

(1) 合作背景

2014年9月,中蒙俄三国元首在杜尚别举行首次会晤,就中国丝绸之路经济带同蒙古国"草原之路"倡议以及俄罗斯跨欧亚大铁路进行深入对接并协商达成共识,正式宣布共同进行"中蒙俄经济走廊"打造。2015年5月,《中华人民共和国与俄罗斯联邦关于丝绸之路经济带建设和欧亚经济联盟建设对接合作的联合声明》由中俄两国元首共同签署;同年7月,以《中华人民共和国、俄罗斯联邦、蒙古国发展三方合作中期路线图》为契机,《关于编制建设中蒙俄经济走廊规划纲要的谅解备忘录》正式签署。以此为基础,2016年6月,《建设中蒙俄经济走廊规划纲要》签署,标志着"一带一路"倡议下首个区域经济走廊启航。该经济走廊以发挥三方潜力和优势、建设并拓展互利共赢经济发展空间、促进共同繁荣和提升国际市场联合竞争力为目标,对口岸建设和海关、交通基础设施发展及其互联互通、经贸合作、产能与投资合作、地方及边境地区合作、生态环保合作和人文交流合作七大领域进行了全面规划。其中,深化教育、科技、文化、旅游、卫生、知识产权等方面的合作成为重点。

(2) 合作机制

目前中蒙俄合作机制主要包括三方首脑会晤机制、旅游部长会晤机制、副外长级磋商机制、智库论坛、铁路运输合作磋商会议、中蒙进出口食品安全磋商机制和工商论坛等。双边元首会晤机制与三边首脑会晤发挥着顶层设计功能,有力推动了各专业领域深入的实质性合作;部长级会晤磋商机制和各论坛等则全面推进了三国在基础设施、经济、人文及科技等各领域的合作,将三国经济走廊建设构想落到实处。

(3) 合作进展

中蒙俄经济走廊东联亚太经济圈,纵贯欧亚大陆,西联欧洲经济圈,是"六廊六路多国多港"和"一带一路"合作框架重要的组成部分。中蒙俄三国地理毗邻,同属于新兴经济体行列,合作发展空间巨大。经过共同努力,三国经济走廊建设取得了实质进展。

目前,内蒙古自治区与蒙古国戈壁阿尔泰省等15个地区与俄罗斯外贝加尔边疆区等10个地区建立了友好关系;锡林郭勒盟、赤峰市、通辽市与蒙古国东部三省建立了中蒙地方合作"3+3"论坛;内蒙古自治区与俄罗斯外贝加尔边疆区政府间、蒙古国扎门乌德自由经济区与二连浩特市间建立了定期会晤与协调机制。内蒙古自治区发展研究中心与国务院发展研究中心、俄罗斯科学院远东研究所、蒙古国科学院联合成立中蒙俄智库合作联盟，轮流举办国际性学术交流论坛，目前已成功举办五届。

基础设施互联互通是推进中蒙俄经济走廊建设工作的重要载体。铁路方面，满洲里—俄罗斯赤塔至博尔贾段电气化铁路改造竣工，相继建成并开通满洲里—西伯利亚号旅游专列、呼和浩特—伊尔库茨克旅游包机、策克口岸跨境铁路、中蒙"两山"铁路、莫斯科—喀山高铁。公路方面，满洲里和二连浩特及策克口岸连接线顺利实现一级公路贯通，黑山头和阿尔山等口岸则贯通实现了一级公路或二级公路。乌力吉公路口岸建设项目不断推进，口岸公路初步形成交通运输网络，我国所有边境口岸城镇基本实现高等级公路与国内的中心城市相连通。民航机场建设方面，推动鄂尔多斯航空口岸批复，实现二连浩特、阿尔山、包头航空口岸临时开放，"呼和浩特—满洲里""北京—满洲里"航线实现跨国飞行、截弯取直。蒙古国方面则开通了连接西伯利亚的火车通道，并增加航线和航班，同时为游客提供旅游免签等优惠措施。

贸易畅通是推进中蒙俄经济走廊建设工作的基础和先导。内蒙古拥有二连浩特等18个对外开放口岸，年进出境货运量9133.6万吨，满洲里、鄂尔多斯综合保税区封关运营，呼和浩特综合保税区获批。这些成为服务全国、面向俄蒙、辐射东北亚的重要载体和平台。开通服务中欧班列运行线路78条，经满洲里和二连浩特进出境的中欧班列2018年同比增长52%，已达2853列。"中蒙俄经济走廊"有力推动了贸易便利化，但相关统计表明，中国与蒙俄两国的贸易额尚未出现与之正相关的显著变化。这与蒙俄两国经济体制、经贸主体、运行机制等与中国的差异，三国产业体系和产业结构的不对称以及国际经贸形势的不确定性等不无关联。

表4-3　　2013—2019年中国与蒙古国、俄罗斯贸易额　　（单位：亿美元）

	蒙古国			俄罗斯		
	进出口	进口	出口	进出口	进口	出口
2013年	59.56	35.06	24.50	892.13	396.18	495.95
2014年	73.09	50.93	22.16	952.85	416.07	536.78
2015年	53.51	37.79	15.72	680.61	332.76	347.84
2016年	46.07	36.19	98.79	695.63	322.29	373.34
2017年	63.66	51.18	12.48	840.95	411.97	428.97
2018年	79.87	63.42	16.45	1070.57	590.82	479.75
2019年	81.56	63.29	18.27	1107.94	610.53	497.42

资料来源：根据国研网宏观经济数据库资料整理。

在资金融通方面，坚持将资金融通作为推进中蒙俄经济走廊建设工作的重要抓手。中国与蒙古国、俄罗斯分别签订了边贸本币结算协定和一般贸易及投资本币结算协定。目前，全区共有2000余家企业参与跨境人民币结算，各商业银行已与俄蒙方62个商业银行建立了代理行结算关系，开立157个金融同业往来账户，其中，人民币户91个、美元户52个、蒙图户8个、卢布户6个，蒙方人民币境外参加银行目前已经覆盖了蒙古国国内所有商业银行。

民心相通是推进中蒙俄经济走廊建设工作的社会根基。截至2018年，内蒙古自治区有464万蒙古族人口，另有近100万和300万的蒙古族人口居住在俄罗斯与蒙古国，在满洲里和呼伦贝尔市同样也分布着俄罗斯民族。同一民族、语言和生活习惯以及祭祀信仰，为三国民众彼此了解和尊重提供了良好的人文基础。借助高层互访、学历互认、签证便利化和互派留学生等方式，三国人文交流不断加深。此外，三国还通过举办文化年、艺术节、旅游年和电影节等文化交流活动不断强化交流往来，利用中蒙俄高端智库交流、二连浩特中蒙俄经贸合作洽谈会和中蒙博览会等活动进一步推动和加深民间互动。在友好地区关系建立上，内蒙古与蒙古国缔结了10对，与俄罗斯缔结了9对。教育交往上，我国30所学校共接收俄罗斯和蒙古国留学生近3000人，内蒙古师范大学还承办了中蒙俄大学生国际足球邀请赛。

表 4-4　　　　　2013—2019 年中国对蒙俄直接投资额流量和存量　　　（单位：亿美元）

	蒙古国		俄罗斯	
	流量	存量	流量	存量
2013 年	3.89	33.54	10.22	75.82
2014 年	5.03	37.62	6.34	86.94
2015 年	-0.23	37.60	29.61	140.20
2016 年	0.79	38.39	12.93	129.80
2017 年	-0.28	36.23	15.48	138.72
2018 年	-4.57	33.65	7.25	142.08
2019 年	1.28	34.31	-3.79	128.04

资料来源：《2018 年度中国对外直接投资统计公报》。

此外，中蒙俄三国在边境防火、防汛防洪、野生物种保护、森林资源保护利用和防沙治沙等诸多领域的合作也在持续深化。

2. 中蒙俄旅游合作

(1) 资源基础

旅游业发展的重要基础之一就是旅游资源，在"一带一路"旅游合作中，跨境旅游资源整合也是重要内容。周李等[①]采用最

---

① 周李、吴殿廷、李泽红、王永明、乔路明、肖晔：《中蒙俄经济走廊自然旅游资源格局及影响因素研究》，《资源科学》2018 年第 11 期。

邻近指数、基尼系数、地理集中指数、核密度分析和不平衡指数等数理方法以及空间分析方法，分析了中蒙俄经济走廊的自然旅游资源空间格局及其影响因素。结果显示：一是在空间上中蒙俄经济走廊的自然旅游资源呈现集聚型、"多核心"的分布格局，主要集中在莫斯科—圣彼得堡地区、新西伯利亚地区、叶卡捷琳娜—秋明地区、中俄沿海地区以及环贝加尔湖城市群；二是自然旅游资源分布沿河、沿湖、沿交通线、沿边界的趋势较为明显；三是湖泊水系、地形地貌等从根本上影响着自然旅游资源的分布，但交通通达性、经济发展水平以及人口数量等则是影响分布的重要社会经济因素。

具体来看，蒙古国中东部地区以荒漠和草原分布为主，其主要原因是降水稀少；中国东北部地区一分为二，内蒙古自治区草原和荒漠自然旅游资源从东向西依次形成，黑龙江、辽宁、吉林三省则形成了以冰雪和森林等为主的自然风貌；俄罗斯四大区域平原和高原相间分布，形成了以冰雪、湖泊和森林等为主的资源分布。此外，中蒙俄三国也各自拥有特色的地质景观，如中国东北部的五大连池火山、俄罗斯滨海边疆区的马鲁沙大山洞等。整体来看，中蒙俄三国自然旅游资源具有互补性和同质性。一方面应整体协同开发同质性资源，另一方面也应打造差异化旅游产品，满足三国人民的跨国旅游需求。

（2）合作进展

俄罗斯和蒙古国与中国内蒙古地区有4261公里的广阔边境线，当前共有国家级对外开放口岸18个，其中陆路对蒙口岸9个，对俄口岸4个，2个铁路口岸，3个国际航空口岸。其中，5个对蒙口岸和3个对俄口岸开通了两国边境旅游业务，对俄边境旅游线路6条，对蒙15条，总数达21条。共有43家边境游旅行社开展服务，其中21家旅行社经营中俄边境游，22家旅行社经营中蒙边境游。

《建设中蒙俄经济走廊规划纲要》于2016年正式发布。2017

年，三国启动了"中蒙俄国际经济走廊多学科联合考察"项目。2018年，《关于建立中蒙俄经济走廊联合推进机制的谅解备忘录》签署，三方合作机制得到进一步完善。目前，中蒙俄三国旅游部长会议已举行五届，三方旅游合作进入提质转型、深度发展阶段，旅游合作已成为三方合作的重要组成部分。据统计，2019年1—5月，俄罗斯105万人次访华，同比增长15.8%；蒙古国访华人数也有所增长，增长比例为3.2%，达76万人次；中国公民赴俄罗斯人数同比增长16.2%，达72万人次；中国公民赴蒙古国人数与2018年同期基本持平，达6万人次。

三国还围绕旅游建立进一步的合作机制。中国内蒙古自治区、俄罗斯外贝加尔边疆区和蒙古国乌兰巴托市等5个地区建立了三国五地旅游联席会议机制，采取申办制形式轮流举办联席会议，开展边境旅游开发合作，协同打造跨境旅游目的地，推动了中俄蒙三国旅游业的发展。"万里茶道"国际旅游联盟2019年宣布新增俄罗斯新西伯利亚州、俄罗斯斯维尔德洛夫斯克州、蒙古国南戈壁省、蒙古国苏赫巴托省4家成员单位，成员单位由16家增长到20家。

（3）边境旅游

《中蒙俄经济走廊规划纲要》签署以来，边境旅游合作深入推进。目前三国边境旅游合作项目主要包括三部分：一是和平之旅（自驾环线）、万里茶道和"三湖"之旅（贝加尔湖、呼伦湖、库苏古尔湖）等品牌旅游线路；二是二连浩特—扎门乌德、满洲里 红石、额布都格 白音胡舒和阿尔山 松布尔等旅游合作区，二连浩特、满洲里、阿尔山和达茂旗等边境旅游试验区；三是满洲里—阿尔哈沙特、室韦—黑山头、满都拉—甘其毛都和额布都格—阿尔山等区域自驾游小环线。

"万里茶道"也是一条亚欧大陆连接的重要国际商道。中蒙俄三国在2013年达成了"万里茶道是珍贵的世界文化遗产"的三方共识，签署了《万里茶道共同申遗倡议书》等在内的10余项协议，并一同发起将"万里茶道"联合申请成为非物质文化遗产的倡议。依托"万里茶道"旅游联盟，中俄蒙三国沿边地区的企业、旅游部门和媒体共同开发了"万里茶道"国际旅游产品，并通过建立多元化旅游文化合作机制，打造富有特色的边境旅游风情项目、节事文化项目以及民俗饮食街区，推出呼伦湖、库苏古尔湖和贝加尔湖"三湖"之旅旅游线路，推动三国边境旅游试验区和旅游合作区建设。

乌兰察布市是历史上"草原丝绸之路"和中俄蒙经济走廊的重要节点城市。2019年中俄、中蒙建交70周年之际，乌兰察布市文化旅游体育局与呼铁局旅广集团合作共同开行"中国·乌兰察布号"中俄蒙旅游专列，自包头出发，横穿三国八城，沿途经过乌兰察布和二连浩特，再穿越蒙古国的扎门乌德，最后抵达俄罗斯的贝加尔湖。

二连浩特与蒙古国、俄罗斯部分城市共同打造三国"茶叶之路"。二连浩特市旅游协会与蒙古国旅游协会签订旅游战略合作协议；二连浩特丝绸之路旅行社与蒙古国"塔鸽塔"文化发展有限公司签订开发中蒙青少年研学旅行产品合作框架协议；二连浩特市微微旅行社有限公司与蒙古国旅游集团有限公司签订线路产品开发合作协议；二连浩特市青少年活动中心、二连浩特市旅游协会、蒙古国旅游协会签订研学旅游产品三方合作协议；二连浩特市医院、二连五洲国旅、蒙古国 GENCO TOUR 旅游公司签订康养旅游产品三方合作协议。

近年来，二连浩特市与扎门乌德市在政治、口岸事务、经贸、教育、基础设施建设、文化、旅游、体育、青少年交流和医疗卫生等诸多领域开展全面交流合作，建立了务实交流合作机制，成果显著。目前已经形成二连浩特—扎门乌德国际那达慕、二连浩特—扎门乌德口岸联席会议、二连浩特—扎门乌德全民综合运动会、中蒙跨境紧急救助机制等品牌性交流合作平台。尤其是2019年6月，中蒙两国政府签署《中华人民共和国政府与蒙古国政府关于建设中国蒙古二连浩特—扎门乌德经济合作区的协议》，对两市协同发展、合作共赢具有里程碑意义。

2015年巴彦淖尔市与蒙古国南戈壁省签署《发展中国巴彦淖尔与蒙古国南戈壁省边境旅游合作意向书》以来，中蒙双方加强合作，共谋发展，推进便捷跨境旅游提质增速。同年的中蒙俄旅游合作洽谈会上，达成10个旅游合作项目，其中，中俄合作项目1个，中蒙合作项目9个，项目涵盖酒店建设、跨境旅游线路开发、旅游规划、旅游人才队伍培训以及旅游度假区建设等。

3. 面临问题

中蒙俄经济走廊和旅游合作已经取得了显著进展，但是我们也要看到，由于各种原因，三国之间的合作还面临一些难题。

(1) 文化差异与社会认知不同

中蒙俄在历史、文化、语言、社会、政治等方面都有所不同，受历史演变和某些现实因素制约，中俄、中蒙相互之间仍存在着一些认知上的偏差。当前合作在一定程度上也存在"中央热、地方冷""政府热、社会冷"的问题。

(2) 经济总量差异相对较大

中国是世界第二大经济体，拥有规模庞大的国民生产总值。中国也是世界第一人口大国，劳动力充足，消费市场庞大。而"一带一路"沿线国家经济总量相对较小，没有强大的工业产能和完备的工业体系。中蒙俄经济走廊沿线的蒙古国一直以来都存在劳动力短缺问题，俄罗斯远东地区亦是如此。企业用工负担因劳动力短缺问题而大大增加，尤其不利于服务行业形成规模。消费市场的拓展也受到有限人口规模的制约，而消费市场的短缺又严重削弱了企业的再投资意愿，导致相关产业形成链式不良反应。

(3) 空间跨度大且生态脆弱

中蒙俄经济走廊中，"北京—二连浩特—乌兰巴托—纳乌什吉—乌兰乌德—莫斯科"铁路线是设计重点，另一条支线则是

"中国东北—满洲里—赤塔—纳乌什吉—莫斯科",两条铁路线在俄罗斯境内的乌兰乌德汇合。二者均穿越西伯利亚中西部和蒙古高原,成为俄罗斯已有西伯利亚大陆桥的空间延伸。空间上的大跨度使得铁路、公路等基础设施的建设、运营和维护成本高升。该片区投资在较大程度上需要依赖于来自亚投行以及中国等国际金融机构和国家的融资。此外,中蒙俄经济走廊沿线地区普遍地理纬度较高,天气寒冷,生态环境脆弱,仍面临大气污染、水资源短缺、沙尘暴、荒漠化、土壤重金属污染和水土流失等环境问题。

(4) 旅游合作机制尚不健全

针对国际旅游合作,中蒙俄三国建立了专门组织并签署区域合作文件,建立了定期或不定期的交流合作机制。但是,由于中蒙俄跨境旅游合作领域涉及面相当广泛,包含海关监管、口岸开放、法律法规适用和通关便利化等诸多方面,需要三方国家政府综合协调。目前中蒙俄三国所建立的机制更多的是负责协调日常事务,对于涉及边境安全、信息安全等重大事项,尚未建立统一协调机制。阻碍跨境游发展的另一个因素是旅游市场监管机制的不健全。目前中蒙俄跨境游经营企业鱼目混珠,龙头旅游企业缺乏,各旅行社服务水平和接待能力也参差不齐。与此同时,中蒙俄三国缺乏旅游市场统一监管制度,当纠纷出现时,大多只能采取仲裁、调解等手段。

(5) 旅游产品建设和营销存在不足

旅游产品单一和项目开发创新不足是目前"一带一路"沿线旅游合作发展中普遍存在的问题。目前的旅游合作更多围绕边境展开,并未深入扩展到沿线各国的整体旅游市场。丝路文化特色旅游产品数量不多,度假类旅游产品少、观光产品多。

五 "一带一路"与旅游发展：机制分析与效果评估

（一）"一带一路"倡议实施效果：研究综述

1. "一带一路"倡议总体实施效果分析

"一带一路"倡议自提出以来受到了国内外的广泛关注，众多学者从不同角度进行了深入研究。

（1）贸易便利化

华欣和常继莹[①]用扩展引力模型测度了中国与沿线国家的贸易发展潜力。结果显示，中国与沿线低收入、中等偏上收入、高收入和中等偏下收入国家的外贸发展潜力依次为大、中和小。王微微和谭咏琳[②]根据2016年沿线58个国家的数据，用拓展的引力模型测算贸易便利化水平对双边贸易的影响。结果显示，贸易便利化水平比经济总量和区域经济一体化组织对双边贸易流量的影响更大，沿线国家间贸易潜力巨大。段秀芳

---

① 华欣、常继莹：《中国与"一带一路"国家贸易发展潜力分析——基于扩展引力模型的实证检验》，《天津商业大学学报》2019年第3期。

② 王微微、谭咏琳：《贸易便利化水平对"一带一路"沿线国家双边贸易的影响分析》，《经济问题》2019年第9期。

和殷禛昊[1]用熵值法测度了2014—2018年沿线国家的投资便利化水平。结果显示，沿线国家投资便利化水平逐年上升。宋周莺和虞洋[2]在贸易便利化指标体系中引入国内政府政策环境和金融环境为主体的内贸环境，并对"一带一路"沿线国家贸易便利化水平进行了研究。结果显示：2013—2017年，"一带一路"沿线国家的贸易便利化水平呈现出缓慢上升趋势，贸易便利化指数由0.49升至0.51，中亚、蒙俄、西亚和中东欧的贸易便利化改善更为显著。"一带一路"沿线国家的贸易便利化水平总体呈现"中间低、东西高，北高南低"的格局，且空间差异表现出缩小态势。从沿线国家二级指标的演变态势看，其与贸易便利化总指标水平的变化态势基本吻合，但二级指标间还存在着不同的差异。其中，市场准入、电子商务、口岸设施、海关环境等增长趋势较为明显；除金融环境以外，中国其余二级指标都处在前列位置。随着中欧国际班列的开通、东盟国家合作的不断深入以及亚投行基建项目的投入运行，基础设施建设领先型、内部贸易环境领先型和通关成本与国际合作滞后型等日渐成为中亚、中东欧和东南亚一些国家的主要模式。世界银行等国际机构的相关研究显示，全球贸易成本因"一带一路"合作而降低1.1%—2.2%，而中国—中亚—西亚经济走廊的贸易成本降低则达到10.2%，"一带一路"合作也至少使2019年全球经济增速提高0.1%。根据美国麦肯锡公司所作的预测，至2050年，"一带一路"沿线国家将为世界经济增长提供80%的贡献率。

---

[1] 段秀芳、殷禛昊：《"一带一路"沿线国家投资便利化：水平、挑战与对策——基于熵值法的测度分析》，《新疆财经》2020年第2期。

[2] 宋周莺、虞洋：《"一带一路"沿线贸易便利化发展格局研究》，《地理科学进展》2020年第3期。

表 5-1　　2017 年"一带一路"沿线国家贸易便利化发展模式

	国家
综合发展高水平型	泰国、斯洛伐克、白俄罗斯、巴林、沙特阿拉伯、印度尼西亚、印度、匈牙利、北马其顿、拉脱维亚、中国、波兰、格鲁吉亚、阿联酋、卡塔尔、捷克、立陶宛、吉尔吉斯斯坦、新加坡、马来西亚、爱沙尼亚、以色列
综合发展低水平型	黎巴嫩、孟加拉国、菲律宾、波黑、科威特、蒙古国、巴基斯坦、土库曼斯坦、塞尔维亚、斯里兰卡、阿富汗、马尔代夫、东帝汶、缅甸、也门、叙利亚、伊拉克、伊朗
内部贸易环境滞后型	约旦、斯洛文尼亚、土耳其、克罗地亚
基础设施建设滞后型	文莱、阿曼、罗马尼亚
通关成本与国际合作滞后型	俄罗斯、乌克兰、亚美尼亚、黑山、保加利亚、阿塞拜疆
内部贸易环境领先型	不丹、尼泊尔、越南、摩尔多瓦、老挝、柬埔寨、阿尔巴尼亚
基础设施建设领先型	塔吉克斯坦、乌兹别克斯坦、埃及、哈萨克斯坦
通关成本与国际合作领先型	—

资料来源：宋周莺、虞洋：《"一带一路"沿线贸易便利化发展格局研究》，《地理科学进展》2020 年第 3 期。

（2）基础设施建设

耿增涛[1]指出，沿线国家普遍缺乏良好的交通、能源、通信等基础设施和建设资金，迫切需要外国的投资和技术改善基础设施状况。中国具有资金、技术和管理等优势，通过参与沿线国家的基础设施建设，提高了沿线国家的互联互通水平。Toops[2]认为，除航运线路外，中国新疆地区与哈萨克斯坦、吉尔吉斯斯坦和巴基斯坦之间的陆路交通路线已在"一带一路"

---

[1] 耿增涛：《"一带一路"沿线国家基础设施建设及投资研究》，硕士学位论文，外交学院，2016 年。

[2] S. Toops, "Reflections on China's Belt and Road Initiative", *Area Development and Policy*, 2016.

倡议推动下发挥愈加重要的通道作用。Fardella 和 Prodi[①] 的研究指出，比雷埃夫斯港的发展提升了地中海作为中欧进出口枢纽的重要地位，若埃及和阿尔及利亚的其他投资计划完成，基础设施连接效率的贡献将进一步扩大，"一带一路"倡议下的基础设施建设已经或即将惠及大多数北欧和中欧国家。Sheu 和 Kundu[②] 指出，"一带一路"倡议的直接贡献体现为国际物流成本的下降，但其经济意义和影响并不限于此。Zhai[③] 利用全球可计算一般均衡模型进行研究后证明，即使对"一带一路"倡议所能带动的总投资规模持保守假设，考虑到基础设施在降低贸易成本和提高能源效率方面的外部性，"一带一路"倡议也会为世界经济带来可观的福利和贸易效益。蔡东方[④]研究认为，基础设施建设促进互联互通，直接促进沿线国家经济增长，同时具有溢出效应。通过对1990—2017年沿线国家基础设施等数据的分析后发现，政府和社会资本合作模式下，能源和信息基础设施对全要素生产率均有显著的溢出效应。胡再勇等[⑤]的实证研究结果显示，沿线国家能源和交通基础设施的进口、出口和双边贸易效应均为正。朱怡童和章秀琴[⑥]用因子分析法分析中国与沿线

[①] E. Fardella, G. Prodi, "The Belt and Road Initiative Impact on Europe: AnItalian Perspective", *China & World Economy*, Vol. 25, No. 5, 2017.

[②] J. B. Sheu, T. Kundu, "Forecasting Time-varying Logistics Distribution Flows in the One Belt-One Road Strategic Context", *Transportation Research Part E: Logistics and Transportation Review*, 2017.

[③] F. Zhai, "China's Belt and Road Initiative: A Preliminary Quantitative Assessment", *Journal of Asian Economics*, No. 55, 2018.

[④] 蔡东方：《"一带一路"沿线国家PPP中的溢出效应检验》，《工业技术经济》2019年第5期。

[⑤] 胡再勇、付韶军、张璐超：《"一带一路"沿线国家基础设施的国际贸易效应研究》，《数量经济技术经济研究》2019年第2期。

[⑥] 朱怡童、章秀琴：《中国与"一带一路"沿线国家基础设施互联互通水平评价研究》，《宿州学院学报》2020年第2期。

53个国家2010—2017年基础设施的互联互通发展水平,结果显示:"一带一路"沿线国家与中国的基础设施互联互通整体水平呈上升趋势。赵维等[1]用中介效应模型研究,结果显示,沿线国家互联网基础设施通过降低贸易成本有利于中国与其贸易往来。陈炳福[2]指出,中国参与沿线国家信息基础设施建设,能够促进沿线国家信息产业发展,缩小沿线国家的数字鸿沟。

(3) 海外直接投资

在投资方面,研究者从产业升级、投资效率、实施机制和风险管理等方面对中国企业在"一带一路"沿线国家的直接投资(OFDI)进行了研究。例如,杨英和刘彩霞[3]基于2003—2013年数据的实证研究,证明国内产业升级对于推动中国企业"走出去"、加大对"一带一路"沿线国家的直接投资力度有正向作用。倪沙等[4]依据2009—2014年中国对部分"一带一路"沿线国家的OFDI情况,证明了中国及东道国的GDP都对OFDI有显著的正相关效应。陈伟光和郭晴[5]认为,经济总量、双边贸易总量、签订双边贸易协定等情况对于中国对沿线国家的投资具有正向促进作用。韩民春和江聪聪[6]运用中国对"一带一路"

---

[1] 赵维、邓富华、霍伟东:《"一带一路"沿线国家互联网基础设施的贸易效应——基于贸易成本和全要素生产率的中介效应分析》,《重庆大学学报》(社会科学版)2020年第3期。

[2] 陈炳福:《"数字丝绸之路"信息基础设施建设研究》,《国防科技工业》2020年第3期。

[3] 杨英、刘彩霞:《"一带一路"背景下对外直接投资与中国产业升级的关系》,《华南师范大学学报》(社会科学版)2015年第5期。

[4] 倪沙、王永兴、景维民:《中国对"一带一路"沿线国家直接投资的引力分析》,《现代财经》2016年第5期。

[5] 陈伟光、郭晴:《中国对"一带一路"沿线国家投资的潜力估计与区位选择》,《宏观经济研究》2016年第9期。

[6] 韩民春、江聪聪:《政治风险、文化距离和双边关系对中国对外直接投资的影响——基于"一带一路"沿线主要国家的研究》,《贵州财经大学学报》2017年第2期。

沿线43个国家2003—2014年的直接投资面板数据进行PCSE（面板矫正误差）方法估计，认为中国对"一带一路"沿线国家的投资倾向于文化距离近、自然资源丰富的国家。张原和刘丽[1]认为，"一带一路"倡议除了有助于沿线各国均衡发展之外，还有助于中国优化人力资源结构、提高劳动力素质。张晓瑜等[2]运用2004—2014年中国A股非金融类上市企业数据进行研究后指出，中国在"一带一路"沿线国家的OFDI倾向于选择具有税收优惠的国家和地区进行。孙朋军、Du和Zhang[3]指出，借助"一带一路"倡议的便利条件，西欧、西亚、中亚和俄罗斯已经成为中国企业对外直接投资的重要目的地。姚战琪和夏杰长[4]针对全球价值链的研究表明，在"一带一路"沿线国家中，来自中国的直接投资能显著促进沿线各个国家全球价值链参与指数和地位指数的提升。

不少学者还特别关注了中国在"一带一路"沿线国家和地区开展对外直接投资的风险。例如，谭畅[5]认为东道国的国家安全因素、环境保护问题是"一带一路"倡议下中国企业开展对外投资的重要阻力。廖萌[6]指出，当地政策和政局变动、低水平

---

[1] 张原、刘丽：《"一带一路"沿线国家劳动力市场比较及启示》，《西部论坛》2017年第6期。

[2] 张晓瑜、陈胤默、文雯、孙乾坤：《避免双重征税协定与企业对外直接投资——基于"一带一路"沿线国家面板数据的分析》，《国际经贸探索》2018年第1期。

[3] J. Du, Y. Zhang, "Does One Belt One Road Strategy Promote Chinese Overseas Direct Investment?", *China Economic Review*, No. 47, 2018.

[4] 姚战琪、夏杰长：《中国对外直接投资对"一带一路"沿线国家攀升全球价值链的影响》，《南京大学学报》（哲学·人文科学·社会科学）2018年第4期。

[5] 谭畅：《"一带一路"战略下中国企业海外投资风险及对策》，《中国流通经济》2015年第7期。

[6] 廖萌：《"一带一路"建设背景下我国企业"走出去"的机遇与挑战》，《经济纵横》2015年第9期。

海外投资以及沿线国家经济文化发展差异等对中国企业"走出去"构成挑战。周五七[①]认为与周边国家的战略认同差异、政治牵制和挤压、区域不稳定因素等对中国对沿线国家实施对外直接投资产生影响。

(4) 促进产业升级

熊灵和谭秀杰[②]指出,"一带一路"沿线64个国家的工业化水平差距较大,形成了技术密集型、资本密集型、劳动密集型产业等不同的梯度。其中14个国家的工业化水平高于中国,44个低于中国,中国处于上游水平。"一带一路"建设促进沿线国家产业结构升级。贾妮莎和雷宏振[③]利用2003—2015年中国对沿线国家的直接投资流量和存量数据,以及43个沿线国家经济指标进行研究后发现,中国的直接投资对"一带一路"沿线国家产业升级具有明显的促进作用。中国对"一带一路"沿线国家直接投资促进其产业升级,最主要的方式是要素供给效应,生产率效应和技术溢出效应。沿线国家与中国高层进行互访可以强化投资对其产业升级的促进作用。中国对沿线国家直接投资在不同东道国对产业升级的影响存在较大差别:相比中高收入沿线国家,低收入沿线国家的产业升级能获得更多促进;对与中国人文相近国家而言,中国的直接投资能更明显地促进其产业升级。

(5) 改善就业状况

王义桅[④]指出,"一带一路"沿线国家产业结构升级带动就

---

① 周五七:《"一带一路"沿线直接投资分布与挑战应对》,《改革》2015年第8期。

② 熊灵、谭秀杰:《"一带一路"建设:中国与周边地区的经贸合作研究》,社会科学文献出版社2017年版。

③ 贾妮莎、雷宏振:《中国OFDI与"一带一路"沿线国家产业升级——影响机制与实证检验》,《经济科学》2019年第1期。

④ 王义桅:《"一带一路"的中国智慧》,《中国高校社会科学》2017年第1期。

业结构升级。中国与沿线国家的产业合作空间巨大，通过合作可以促进沿线国家的产业升级，对世界工业化进程有重要意义。张原和陈建奇[1]认为，中国对沿线国家投资促进了沿线国家的工业化进程，工业部门增强了就业吸纳能力。国家统计局公报显示，2018年中国对外直接投资存量的78%分布在第三产业，第二产业占21%，第一产业约占1%。"一带一路"沿线多数是发展中国家，中国的投资主要集中于第二、第三产业，例如：交通运输业（铁路、公路、港口、航空）、基础设施产业（建材、装备制造、建筑业）、能源产业（电力、石油、天然气）等。这些产业发展拓宽了就业渠道、增加了创业和就业机会，从而改善了沿线国家的就业结构。[2] 张原和陈建奇[3]指出，"一带一路"沿线国家的法定最低工资占平均工资的43%，低于世界平均水平。对于工资水平较低的国家，如巴基斯坦、尼泊尔、柬埔寨、老挝、印度尼西亚、菲律宾、斯里兰卡等，通过"一带一路"投资，其实际工资有较大上升空间。《中央企业海外社会责任蓝皮书（2018）》资料显示，境外中央企业关心员工健康；持续改善员工的生产生活条件，为员工创建广阔的发展平台，让全体员工共享项目发展成就，实现企业与员工共同发展和双赢。

（6）带动当地减贫

"一带一路"倡议建设对沿线国家减贫发挥重要作用。中国以基础设施建设为重点，对沿线国进行援助和投资，为沿线发展中国家减贫做出重要贡献。张原[4]通过研究2000—2017年沿

---

[1] 张原、陈建奇：《"一带一路"背景下的国际劳务合作——机遇、挑战及启示》，《劳动经济评论》2018年第2期。

[2] 张吉廷：《"一带一路"背景下就业领域新探索》，《中外企业家》2017年第36期。

[3] 张原、陈建奇：《"一带一路"背景下的国际劳务合作——机遇、挑战及启示》，《劳动经济评论》2018年第2期。

[4] 张原：《中国对"一带一路"援助及投资的减贫效应——"授人以鱼"还是"授人以渔"》，《财贸经济》2018年第12期。

线国家面板数据发现，中国增加援助与投资降低了贫困率；在减贫中，国有资本发挥了重要作用，国有企业投资与贫困率下降显著相关；中国的援助与投资为沿线国家创造了就业机会，使沿线国家减少了贫困。中巴经济走廊拥有潜力扭转所在地区的贫穷、失业和教育方面存在的问题。谷媛媛和邱斌[①]指出，"一带一路"建设的教育项目促进人力资本积累，培养来华留学人才对生源国具有减贫效应，研究显示，来华留学生增加1%，生源国的贫困人口比例和贫困差距将分别降低0.02%和0.005%，其中在中低收入水平国家的减贫效应更显著。

（7）提升全球价值链

"一带一路"建设促进沿线国家在全球价值链的提升。许培源和程钦良[②]通过对沿线44个国家2009—2017年的面板数据进行实证研究后发现，中国与沿线国家的科技合作还处于起步阶段，研发合作、技术转移产生经济增长效应，二者相互促进。李金叶和李春莹[③]指出，境外经贸合作区是"一带一路"建设的引擎，有利于形成产业集聚和投资规模效应，促进沿线国家工业化进程和产业升级。卢潇潇和梁颖[④]用双重差分法研究发现，境外经贸合作在沿线国家的工业园区和农业园区分别通过创新、产业、信用的集聚机制和产业、信用集聚机制促进沿线国家经济发展。中国在基础设施建设领域具有比较优势，中国对沿线国家的基建投资，促进沿线国家经济发展，促进全球价

---

① 谷媛媛、邱斌：《中国留学教育能否减少生源国人口贫困——基于"一带一路"沿线国家的实证研究》，《教育研究》2019年第11期。
② 许培源、程钦良：《"一带一路"国际科技合作的经济增长效应》，《财经研究》2020年第5期。
③ 李金叶、李春莹：《境外经贸合作区对"一带一路"沿线国家的经济效益研究》，《商业经济研究》2020年第2期。
④ 卢潇潇、梁颖：《"一带一路"基础设施建设与全球价值链重构》，《中国经济问题》2020年第1期。

值链重构。

2. "一带一路"倡议下的旅游发展研究
(1) "一带一路"倡议与国际旅游

围绕国际旅游发展如何受益于"一带一路"倡议，研究者从不同角度进行了分析。高舜礼等[①]指出，旅游业作为综合性和开放性产业，在推动"一带一路"建设进程中拥有得天独厚的先发优势。这是因为其所具有的自发性、民间外交性等特点容易营造对外交流的自然性和亲近感，通过旅游可以让"一带一路"沿线国家、地区和民众获得更加自然的认可和接纳，使中国跨境游客更容易获得信任和尊重，从而让"一带一路"倡议的文化包容性落地生根，最终提升中国的文化影响力和国家软实力。宋志伟和庞世明[②]认为，"一带一路"沿线国家和地区较为丰富的旅游资源和相对丰裕的劳动力资源为旅游业的发展奠定了良好基础，具有发展旅游业的潜在比较优势。这主要体现为"一带一路"沿线国家本身就具有巨大的旅游消费市场，尤其是西欧、地中海沿岸、东南亚等区域吸引着来自全球各地的旅游者，始终是旅游业投资和消费的热门目的地。陈梦等[③]基于PESTEL模型的分析表明，"一带一路"倡议已经带动泰国医疗、度假及养生等类型的酒店投资，以及俄罗斯商务酒店类型的投资。耿思雨等[④]指出，哈斯克斯坦旅游产品在景区和酒店的一体

---

① 高舜礼等：《"一带一路"建设与旅游先行》，《中国旅游报》2015年12月11日。
② 宋志伟、庞世明：《要素禀赋、"一带一路"与中国旅游企业战略选择》，《旅游学刊》2017年第6期。
③ 陈梦、耿思雨、乌兰：《酒店业借"一带一路"契机投资路径分析——以泰国和俄罗斯为例》，《中国市场》2016年第50期。
④ 耿思雨、乌兰、陈梦：《酒店业如何借"一带一路"东风在哈俄两国淘金》，《现代商业》2016年第25期。

化开发过程中也受益于"一带一路"倡议的带动作用。宋昌耀和厉新建[1]认为，中国庞大的出境规模和消费能力在"一带一路"沿线的输出将给中国对外旅游投资和消费补充新的潜能。徐虹和韩静[2]指出，国际旅游业的繁荣与发展能够提高"一带一路"沿线国家与地区的人民生活水平，也增强了地方居民的文化共识、幸福感及生活满意度。

从"一带一路"倡议助推国际旅游市场发展的具体途径来看，邹统钎[3]指出，旅游者最感兴趣的丝绸之路旅游体验包括探索丝绸之路古国、游览丝绸之路相关世界遗产、品尝丝绸之路各地美食、参观博物馆和美术馆、在当地市场购物等。因此，"一带一路"倡议的优势在于基于历史记忆，积极主动挖掘古丝绸之路国家和地区的文化、历史和自然资源，站在世界文化传承与保护的高度，充分结合"一带一路"沿线国家人民的共同历史记忆，最终推动富有丝绸之路特色的民族旅游、宗教旅游和文化旅游等特色文化旅游项目广泛开展。

从中国参与国际旅游市场的角度看，赵鑫和林淼[4]指出，"一带一路"倡议使客源市场结构呈现不断优化的趋势。近年来，"一带一路"沿线国家在我国入境旅游市场中活跃度不断提升。姚延波和侯平平[5]认为，要充分利用"一带一路"沿线区域的民族文化特色，在此基础上对文化内涵进行深入挖掘并推

---

[1] 宋昌耀、厉新建：《"一带一路"倡议与中国对外旅游投资》，《旅游学刊》2017年第5期。

[2] 徐虹、韩静：《旅游开发与合作助力"一带一路"倡议发展》，《旅游学刊》2017年第5期。

[3] 邹统钎：《"一带一路"倡议促进区域旅游合作的几个设想》，《旅游导刊》2017年第1期。

[4] 赵鑫、林淼：《对发展入境旅游的几点建议》，《中国发展观察》2018年第1期。

[5] 姚延波、侯平平：《"一带一路"倡议下我国入境旅游产品开发新思路》，《旅游学刊》2017年第6期。

动文化旅游产品和市场开发，有助于把旅游创意开发与民族特色文化相结合，突破单一的观光旅游形式，最终打造具有民族特色的入境旅游产品和跨国、跨地域的旅游精品线路，实现入境旅游产品的转型升级。在上述理念转化为旅游业实践的过程中，建设跨境旅游合作区是主要落地形式。王守力和范美丽[①]指出，借由"一带一路"倡议所带动的新亚欧大陆桥、中蒙俄、中国—中南半岛、中国—中亚—西亚、孟中印缅和中巴六大经济走廊，中国跨境游市场可以更高效地对接"一带一路"沿线国家和地区的自身地缘战略，从而为多元化旅游产品的开发赋予更多的可能性。

从目前"一带一路"倡议助推跨境旅游发展所面临的障碍性因素来看，胡抚生[②]认为主要有四：一是跨境旅游合作区的双边和多边协调机制尚不健全；二是国家层面的配套政策措施还不完善；三是跨境旅游合作区的发展基础还较为薄弱；四是通关便利化条件难言理想。

（2）"一带一路"倡议与国内旅游

彭诗茗等[③]指出，智慧旅游和特色旅游得以在"一带一路"倡议的合作平台下充分发挥相互支撑作用，跨越了地域界限、打破了固有产品体系、引入了新兴科技手段，使一系列创新理念能够迅速作用于旅游业市场实践，从而激发了旅游新业态的发展潜力。旅游业发展与"一带一路"框架下的工业产能合作不同，它并不必然带来环境恶化和生态资源的损耗，因而受到普遍欢迎并通常被优先考虑。王杉和倪鹏飞[④]针对西北民族地区

---

① 王守力、范美丽：《"一带一路"战略下粤港澳体育旅游资源的空间结构特征及开发路径研究》，《贵州体育科技》2017年第1期。

② 胡抚生：《"一带一路"倡议背景下跨境旅游合作区建设的思考》，《旅游学刊》2017年第5期。

③ 彭诗茗、王欣、陈微：《"一带一路"倡议背景下旅游新业态发展模式构想》，《中国商论》2018年第19期。

④ 王杉、倪鹏飞：《"一带一路"背景下西北民族地区城市竞争力提升潜力研究》，《西藏大学学报》（社会科学版）2018年第2期。

城市竞争力提升潜力的研究指出，对于在建设环境友好型城市和行业生态城市过程中具有比较优势的地区而言，"一带一路"倡议有助于旅游度假产业的发展，能够帮助其收获生态文明建设和城市竞争力提升的双重红利。既有研究表明，"一带一路"倡议所覆盖的国内主要节点城市已经形成了旅游合作空间的"两板块"和"七圈"发展格局。邹永广[1]指出，主要节点城市间旅游要素互动频繁，促使旅游经济活动的联系更加紧密，"一带一路"倡议正在推动沿海和内陆节点城市借由旅游市场活动而实现协同发展。就国内不同旅游市场从"一带一路"倡议中获益的现实情况而言，杜志雄和宋瑞[2]认为，"一带一路"倡议为我国古代丝绸之路的名镇、重镇带来了旅游腾飞发展的重要契机，此类地区应从城市定位、外部合作、目的地建设、业态创新、市场营销等方面进行系统规划和全面提升。对于非"一带一路"历史传统地区而言，梁琦和蔡建刚[3]指出，成渝、长江中游、东北、青藏和西北部分地区的区域旅游市场突破口在于转换产业发展思路，重点提升对国际旅游市场的吸引力，通过"一带一路"倡议和我国沿边地区开发进程的不断推进，广泛吸引中亚、南亚、西亚甚至中东欧地区的国际游客，做大入境旅游总量，进而促使我国"东强西弱"的旅游格局得以改观。

3. 对既有研究的简要述评

通过对"一带一路"倡议助推旅游业发展的相关研究加以回溯可知，国际学者对于"一带一路"倡议的关注少于全球治

---

[1] 邹永广：《"一带一路"中国主要节点城市旅游的经济联系——空间结构与合作格局》，《经济管理》2017年第5期。

[2] 杜志雄、宋瑞：《"一带一路"倡议与我国城市旅游经济发展——以嘉峪关市为例》，《甘肃社会科学》2018年第3期。

[3] 梁琦、蔡建刚：《"一带一路"与我国区域旅游空间布局优化》，《吉首大学学报》（社会科学版）2018年第3期。

理和地缘政治等相对更为宏观的领域,针对倡议对旅游业发展的影响研究多集中于国内学者。总体来看,既有成果以逻辑演绎和针对具体产业事实的经验总结为主,基于规范的量化方法,尤其是通过计量经济学方法识别"一带一路"倡议影响旅游业发展的因果效应的实证研究偏少。因此,未来需要针对"一带一路"倡议对旅游业发展的影响开展相对复杂和更为规范的实证研究。

(二)"一带一路"旅游合作效果:定性评估

"一带一路"倡议的核心目标在于实现"五通",而旅游业作为综合性和开放性的产业,无论从"民相亲"还是从"国之相交"的层面,均有利于"五通"目标的达成。在推动"一带

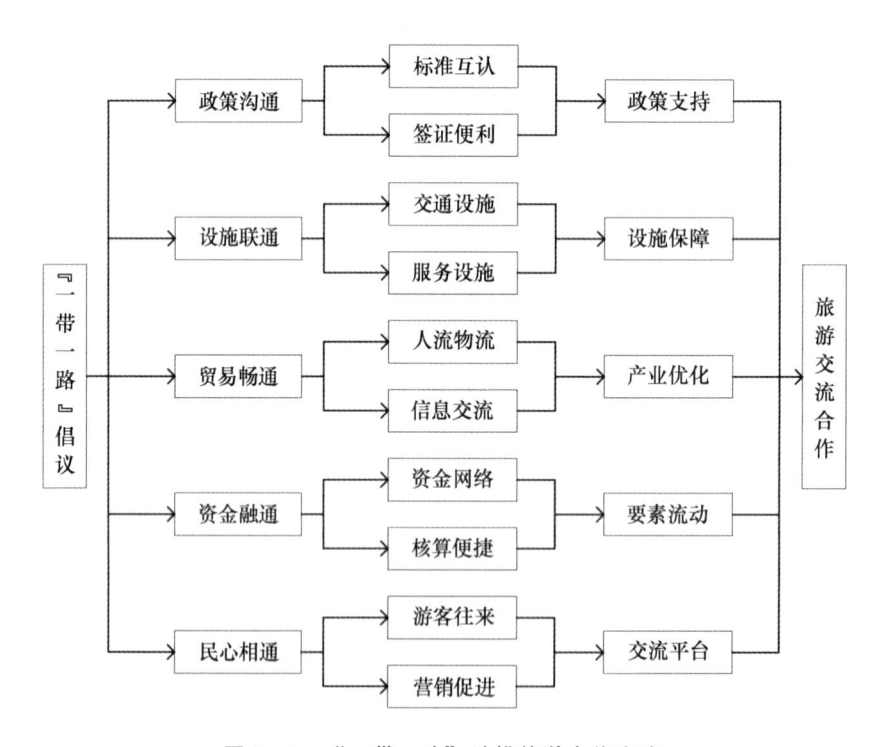

图 5-1 "一带一路"助推旅游合作交流

一路"沿线国家与地区实现互联互通上，旅游业有着天然优势。客观事实也表明，旅游已成为近年来推动"一带一路"倡议行稳致远的关键着力点。

1. 初步成效

（1）旅游有利于"一带一路"沿线国家达成政策沟通

畅通的政策环境是实现"五通"目标的最底层保障，其本质核心是"一带一路"沿线国家与地区形成合作发展新规则与新秩序的命运共同体。具体来看，基础设施、贸易、能源、投资、人文和金融等不同领域的项目合作都有赖于"一带一路"沿线国家与地区的政策衔接，以及倡议框架下规则制定的合作共建。实际上，"一带一路"沿线国家与地区的合作必须通过资本、技术、人员以及货物等经济要素流动来实现，其中人是核心要素，因此旅游助推"一带一路"沿线国家达成政策沟通的重要意义不容忽视。从总量上看，在国际人员的流动中，与资本流通、技术交流合作密切相关的商务客流旅行人次远远比不上旅游者人次；而若从广泛性来看，在"一带一路"沿线国家政策沟通达成上，国际旅游也是相对容易实现的产业契合点。

据原国家旅游局估计，中国"十三五"时期将为"一带一路"沿线国家贡献1.5亿人次游客量和逾2000亿美元的庞大旅游消费，同时将吸引"一带一路"沿线国家来华旅游外国游客8500万人次，撬动旅游消费金额约1100亿美元。"一带一路"倡议提出以来，依托庞大的旅游市场基础，各国从ADS签证、免签政策等方面入手，积极促进国与国之间的政策衔接，助推"一带一路"沿线国家达成政策沟通的既定目标。

目前，52个"一带一路"沿线国家与地区已经成为中国的出境旅游目的地（ADS）。在"一带一路"倡议提出之前，有43个国家已经与中国签订了ADS协议；在"一带一路"倡议提出之后，新增9个国家与中国签订ADS协议。各国与中国签订

ADS 协议的时间如表 5-1 所示。

表 5-1 "一带一路"沿线国家与中国签订 ADS 协议的时间

	国家/地区
2013 年之前	泰国、马来西亚、新加坡、越南、菲律宾、文莱、柬埔寨、尼泊尔、缅甸、印度尼西亚、埃及、土耳其、马尔代夫、印度、斯里兰卡、匈牙利、克罗地亚、巴基斯坦、希腊、爱沙尼亚、捷克、立陶宛、拉脱维亚、波兰、斯洛伐克、斯洛文尼亚、塞浦路斯、约旦、罗马尼亚、俄罗斯、蒙古国、老挝、孟加拉国、保加利亚、叙利亚、阿曼、以色列、黑山、阿联酋、乌兹别克斯坦、黎巴嫩、塞尔维亚、伊朗
2014 年	乌克兰
2015 年	格鲁吉亚
2016 年	北马其顿、亚美尼亚、哈萨克斯坦
2018 年	阿尔巴尼亚、卡塔尔
2019 年	波黑、阿塞拜疆
尚未开展	伊拉克、巴勒斯坦、沙特阿拉伯、也门、科威特、巴林、阿富汗、不丹、土库曼斯坦、塔吉克斯坦、吉尔吉斯斯坦、白俄罗斯、摩尔多瓦

资料来源：中国文化和旅游部官方网站。

免签政策方面，宽松的签证政策是世界各国和主要旅游城市刺激入境游市场的通用法则，是吸引短期游客的重要措施。截至 2019 年 11 月，中国已与"一带一路"沿线 58 个国家签订了互免签证协定，其中有 26 个国家的互免签证协定是在 2013 年之后签订的。具体情况如表 5-2 所示。

表 5-2 中国与"一带一路"沿线各国缔结互免签证协定一览

	生效日期	互免签证的证件类别
阿尔巴尼亚	1956 年 8 月 25 日	外交、公务护照
阿联酋	2012 年 3 月 21 日	外交护照
	2016 年 1 月 11 日	公务、公务普通护照
	2018 年 1 月 16 日	普通护照

续表

	生效日期	互免签证的证件类别
阿富汗	2015年7月16日	外交护照
阿曼	2010年4月16日	中方外交、公务护照；阿方外交、公务和特别护照
阿塞拜疆	1994年2月10日	外交、公务、公务普通护照
	1994年5月1日	团体旅游
埃及	2007年1月27日	中方外交、公务护照；埃方外交、特别护照
爱沙尼亚	2017年1月1日	外交护照、欧盟通行证
巴基斯坦	1987年8月16日	中方外交、公务护照；巴方外交、官员护照
	1988年4月30日	公务普通护照
巴林	2018年10月25日	中方外交、公务、公务普通护照；巴方外交、特别护照
白俄罗斯	1993年3月1日	外交、公务护照；团体旅游
	2018年8月10日	普通护照
保加利亚	2012年4月4日	外交、公务护照
	2017年1月1日	欧盟通行证
波黑	2017年10月4日	中方外交、公务、公务普通护照；波方外交、公务护照
	2018年5月29日	普通护照
波兰	1992年7月27日	外交、公务护照、海员证、机组人员证件
	2017年1月1日	欧盟通行证
俄罗斯	2000年12月1日	团体旅游
	2014年4月26日	外交、公务护照，随车、飞机、船执行公务的国际列车车组人员、机组人员、持海员证船员
菲律宾	2005年2月28日	中方外交、公务护照（限临时访问人员）；菲方外交、官员护照（限临时访问人员）
格鲁吉亚	1994年2月3日	外交、公务、公务普通护照；团体旅游
哈萨克斯坦	1994年2月1日	外交、公务护照
黑山	2013年3月1日	外交、公务护照
吉尔吉斯斯坦	2003年6月14日	外交、公务护照
柬埔寨	2006年9月14日	外交、公务护照
捷克	2017年1月1日	外交护照、欧盟通行证

续表

	生效日期	互免签证的证件类别
卡塔尔	2018年12月21日	中方外交、公务、公务普通、普通护照；卡方外交、特别、公务、普通护照
克罗地亚	1995年4月9日	中方外交、公务护照；克方外交、官员护照
	2017年1月1日	欧盟通行证
科威特	2014年10月17日	中方外交、公务、公务普通护照；科方外交、特别护照
拉脱维亚	2017年1月1日	外交护照、欧盟通行证
老挝	1989年11月6日	中方外交、公务、公务普通护照；老方外交、公务、加注有效公务签证的普通护照
立陶宛	1992年9月14日	外交、公务护照、海员证（随船）
	2017年1月1日	欧盟通行证
罗马尼亚	1981年9月16日	外交、公务护照
	2017年1月1日	欧盟通行证
马尔代夫	1984年11月27日	外交、公务护照
马来西亚	2011年5月18日	中方外交、公务护照；马方外交、官员护照
北马其顿	1994年7月19日	中方外交、公务、公务普通护照；马方外交、公务、标有"公务"字样的普通护照
蒙古国	1989年4月30日	外交、公务、公务普通护照
孟加拉国	1989年12月18日	中方外交、公务、公务普通护照；孟方外交、官员、加注"政府公务"或"免费"字样的普通护照
缅甸	1998年3月5日	中方外交、公务护照；缅方外交、官员护照
摩尔多瓦	1993年1月1日	中方外交、公务、公务普通护照；摩方外交、公务、加注"公务"字样的普通护照；团体旅游
尼泊尔	2006年10月16日	中方外交、公务护照；尼方外交、官员护照
塞尔维亚	1980年1月9日	中方外交、公务、公务普通护照；塞方外交、公务、加注"公务"字样的普通护照
	2017年1月15日	普通护照
塞浦路斯	1991年10月2日	外交、公务护照
	2017年1月1日	欧盟通行证
斯里兰卡	2013年4月18日	中方外交、公务、公务普通护照；斯方外交、官员护照

续表

	生效日期	互免签证的证件类别
斯洛伐克	1956年6月1日	中方外交、公务护照；斯方外交、公务、特别护照
	2017年1月1日	欧盟通行证
斯洛文尼亚	1994年7月1日	外交、公务护照
	2017年1月1日	欧盟通行证
塔吉克斯坦	1993年6月1日	中方外交、公务、公务普通护照；塔方外交、公务、加注"公务"字样的普通护照
泰国	2003年10月18日	中方外交、公务护照；泰方外交、官员护照
土耳其	1989年12月24日	中方外交、公务、公务普通护照；土方外交、公务、特别护照
土库曼斯坦	1993年2月1日	中方外交、公务、公务普通护照；土方外交、公务、加注"公务"字样的普通护照；团体旅游
文莱	2005年6月18日	中方外交、公务护照；文方外交、官员护照
乌克兰	2002年3月31日	外交、公务护照和海员证
乌兹别克斯坦	2010年7月9日	外交护照
希腊	2017年1月1日	外交护照、欧盟通行证
新加坡	2011年4月17日	外交、公务、公务普通护照
匈牙利	1992年5月28日	外交、公务护照
	2017年1月1日	欧盟通行证
亚美尼亚	1994年8月3日	中方外交、公务、公务普通护照；亚方外交、公务、公务普通、加注"公务"字样的普通护照
伊朗	1989年7月12日	外交、公务护照
伊拉克	2016年11月2日	外交护照
以色列	2016年1月17日	外交、公务护照
印度尼西亚	2005年11月14日	外交、公务护照（限临时访问人员）
约旦	1993年3月11日	中方外交、公务护照；约方外交、公务、特别护照
越南	1992年3月15日	外交、公务、公务普通护照
尚未签订国家：叙利亚、黎巴嫩、巴勒斯坦、沙特阿拉伯、也门、印度、不丹		

资料来源：中国领事服务网。

（2）旅游促进"一带一路"沿线国家实现设施联通

基础设施联通是"一带一路"沿线国家合作发展的重要基石，而其中包括铁路、公路和海陆航路等在内的交通设施互联互通则是重中之重。良好的可进入性是国际旅游者实现双向流动的前提，在不断推进签证便利化的同时，旅游也对"一带一路"沿线各国间交通的通达性提出了新的要求。近年来，旅游者在多国间穿梭客观上推动了沿线各国之间航空运输业的发展，中国与"一带一路"沿线各国、"一带一路"沿线各国之间包括交通在内的设施联通状况均得到明显改善。

民航运输安全、便捷、高效，在远距离运输中具有不可比拟的优势，因此航空是商务、旅游人员往来的主要交通运输方式。近年来，民航局本着"积极、渐进、有序、有保障"的原则，持续推进"一带一路"航空运输市场开放，不断简化行政许可程序，激发了航空公司开辟航线的积极性。2017年第一季度的统计数据显示，"一带一路"沿线国家国际客运量在中国国际旅客中的占比已经达到47.1%。

一方面，国内航空公司到"一带一路"沿线国家的开航热情空前高涨。2017年夏秋航季共有国航、东航、南航、海航、深航、厦航及川航等26家中方航空公司运营至俄罗斯、哈萨克斯坦、蒙古国、澳大利亚及新西兰等35个"一带一路"沿线国家的定期航班。具体通航47个国内城市和80个国外城市，每周2619班，其中客运航班2567班，占比高达98.01%。与2013年夏秋航季相比，新增通航国家4个，新增国外通航城市20个，每周航班量增加1430班。

另一方面，"一带一路"沿线国家航空公司也积极通航中国。2017年夏秋航季共有俄罗斯、乌克兰、乌兹别克斯坦、泰国、马来西亚、卡塔尔、波兰、澳大利亚、新西兰、蒙古国和埃及等36个"一带一路"沿线国家的91家航空公司从79个国外城市运营至45个国内城市的定期航班，每周1915班。其中，客运航班 1776 班，占比达 92.74%。与 2013 年夏秋航季相比，新增通航国家 3 个，新增国外通航城市 11 个，每周航班量增加 701 班。

中国民用航空局统计数据显示，截至 2019 年年底，与中国签署了双边政府间航空运输协定的国家或地区有 127 个，其中亚洲有 44 个（含东盟），非洲有 27 个，欧洲有 37 个，美洲有 12 个，大洋洲有 7 个；与中国建立双边适航关系的国家或地区有 39 个，现行有效的双边适航文件共 238 份。"一带一路"沿线与中国签署双边政府间航空运输协定的国家和地区共有 62 个，其中东盟已和我国签署了第一个区域性航空运输协定。此外，我国还与俄罗斯、印度尼西亚、马来西亚、埃及、蒙古国等"一带一路"沿线国家开展了双边航空会谈并进一步扩大了航权安排。

（3）旅游推动"一带一路"沿线国家之间的贸易畅通

国际旅游属于国际贸易中的服务贸易范畴，出入境旅游发展直接推动了国与国之间的贸易畅通。有研究显示，两国间旅游者的双向流动与双方贸易（含服务贸易与商品贸易）之间表现出相互促进的关系。国际贸易能够有力促进旅游业发展，入境旅游同样会反哺目的地，不断提升其商品与服务在国际市场上的品牌形象，从而创造出新的贸易机会。出境旅游则能将客源地商品和服务顺势推向国际市场，进而夯实全球投资和跨国经营的基础。

"一带一路"倡议自提出以来，在国内旅游企业"走出去"、政府层面的公务交往合作以及边境旅游合作等方面取得了显著成效，促进了"一带一路"沿线国家双边或多边的贸易合作与沟通。如表 5-3 所示，在"一带一路"沿线的 65 个国家中，至少有 53 个国家的入境旅游收入实现了正增长，而且蒙古国、缅甸等 14 个国家 2013—2018 年的年平均增长率高于 10%；至少有 49 个国家的出境旅游支出实现正增长，而且泰国、柬埔寨、越南等19个国家2013—2018年的年均增长率高于10%。可见，2013年以来，绝大多数"一带一路"沿线国家的出入境旅游贸易持续增长，直接带动了国际旅游服务贸易的发展，并在一定程度上间接推动了其他形式的国际贸易。

表5-3　　　　　"一带一路"沿线国家出入境旅游及增长率　　（单位：百万美元,%）

	入境旅游收入			出境旅游支出		
	2013年	2018年	平均增长率	2013年	2018年	平均增长率
蒙古国	236	526	17.39	643	822	5.03
新加坡	19231	20416	1.20	24407	25346	0.76
马来西亚	23283	21774	-1.33	12236	12168	-0.11
印度尼西亚	10302	15600	8.65	7675	8772	2.71
缅甸	964	1670	11.62	115	89	-5.00
泰国	41765	65242	9.33	6481	12352	13.77
老挝	613	757	4.31	904	926	0.48
柬埔寨	2895	4832	10.79	355	862	19.41
越南	7250	10080	6.81	2050	5910	23.59
文莱	96	190	14.63	624	585	-1.28
菲律宾	5599	9730	11.69	7833	11863	8.66
伊朗*	3306	4632	8.80	8839	11300	6.33
伊拉克	1682	1986	3.38	4835	7855	10.19
土耳其	36192	37140	0.52	4817	4595	-0.94
叙利亚	—	—	—	—	—	—
约旦	5145	6221	3.87	1096	1387	4.82
黎巴嫩	7032	8694	4.33	4388	6254	7.34
以色列	6577	8073	4.18	4542	7668	11.04
巴勒斯坦	—	—	—	—	—	—
沙特阿拉伯	8690	16975	14.33	17660	16644	-1.18
也门	1097	—	—	86	—	—
阿曼	1888	2975	9.52	1426	2542	12.26

续表

	入境旅游收入			出境旅游支出		
	2013年	2018年	平均增长率	2013年	2018年	平均增长率
阿联酋	12389	21390	11.54	16188	17999	2.14
卡塔尔	8452	15239	12.51	6616	9272	6.98
科威特	619	919	8.22	9653	14318	8.20
巴林	1875	3834	15.38	839	2717	26.49
希腊	17433	21594	4.37	2435	2582	1.18
塞浦路斯	2930	3449	3.32	1254	1551	4.34
埃及	6747	12704	13.49	3014	2667	-2.42
印度	19042	29143	8.88	11615	21319	12.91
巴基斯坦	938	818	-2.70	1083	1793	10.61
孟加拉国	131	357	22.20	350	756	16.65
阿富汗	179	50	-22.51	132	203	8.99
斯里兰卡	2506	5608	17.48	1188	1660	6.92
马尔代夫	2422	3054	4.75	204	361	12.09
尼泊尔	460	744	10.09	422	836	14.65
不丹	116	121	0.85	64	78	4.04
哈萨克斯坦	2365	2651	2.31	3468	2687	-4.98
乌兹别克斯坦	—	—	—	—	—	—
土库曼斯坦	—	—	—	—	—	—
塔吉克斯坦	233.3	170.9	-6.04	2.3	10.2	34.70
吉尔吉斯斯坦	585	487	-3.60	350	321	-1.71
俄罗斯	20198	18670	-1.56	53453	34271	-8.51
乌克兰	5931	2269	-17.48	5763	7899	6.51
白俄罗斯	1156	1221	1.10	1153	1058	-1.71
格鲁吉亚	1916	3518	12.92	294	525	12.30
阿塞拜疆	2618	2830	1.57	2877	2284	-4.51
亚美尼亚	905	1237	6.45	930	1405	8.60
摩尔多瓦	324	500	9.06	335	353	1.05
波兰	12433	15748	4.84	8820	9721	1.96
立陶宛	1374	1419	0.65	1069	1195	2.25

续表

	入境旅游收入			出境旅游支出		
	2013年	2018年	平均增长率	2013年	2018年	平均增长率
爱沙尼亚	2022	2332	2.89	1059	1468	6.75
拉脱维亚	865	1057	4.09	715	778	1.70
捷克	7792	8291	1.25	4637	5972	5.19
斯洛伐克	2702	3318	4.19	2367	2622	2.07
匈牙利	6671	9595	7.54	1906	2639	6.72
斯洛文尼亚	2966	3378	2.64	1417	1634	2.89
克罗地亚	9715	12075	4.45	903	1693	13.39
波黑	752	1081	7.53	133	261	14.43
黑山	929	1224	5.67	48	68	7.21
塞尔维亚	1221	1921	9.49	1117	1643	8.02
阿尔巴尼亚	1670	2306	6.67	1479	1679	2.57
罗马尼亚	2048	3261	9.75	2059	4307	15.91
保加利亚	4410	5072	2.84	1113	1868	10.91
北马其顿	270	387	7.47	131	259	14.61

注："—"表示数据缺失；"*"表示由于2018年伊朗的出入境旅游数据缺失，本表中使用了2017年数据予以替代。

资料来源：中国经济信息网"一带一路"统计数据库。

（4）旅游借助人民币国际化促进"一带一路"沿线国家资金融通

人民币国际化进程始于我国公民出境旅游过程中的支付和结算需求，起初从新加坡、马来西亚、泰国等国家开始。此后，中国在与有陆路接壤的朝鲜、俄罗斯、缅甸、越南等国家进行边境旅游和边境贸易过程中，又进一步拓展了人民币作为贸易结算的使用范围。伴随人民币国际化进程的推进和出境旅游人次的持续增长，银联结算通道在海外得以较大范围推广，同时，适应中国消费者消费习惯的支付宝、微信支付等电子支付手段也扩散到境外各个目的地。旅游在一定程度上促进了人民币在国际范围内的广泛流通,并间接促进了"一带一路"沿线国家间的资金融通。

文化和旅游部数据中心的调查结果显示,2019年中国出境旅游超过1.55亿人次,比2018年同期增长3.3%。依托庞大的出境市场以及较强的购买力,中国人民银行多措并举,在"一带一路"建设中不断推动人民币使用机会的提升,同时在相关配套制度建设上加以完善。一是大力推动人民币跨境使用的基础设施建设。人民币跨境支付系统不断推进,二期已可支持跨境人民币资金池、跨境人民币贸易、金融市场业务和投融资业务等的结算,大大提升了本币跨境清算的效率,为"一带一路"沿线国家投融资和相关贸易中使用人民币结算提供了便利。截至2018年年末,人民币跨境支付系统业务已在"一带一路"41个沿线国家和地区覆盖。二是不断深化双边货币合作。截至2018年年底,中国已与"一带一路"沿线国家中22个国家的央行签订了双边本币互换协议（见表5-4）,建立了人民币清算安排的沿线国家和地区也已达9个（见表5-5）。

表5-4 与中国央行签署双边本币互换协议的"一带一路"沿线国家

	签署/续签时间	资金规模
马来西亚	2018年8月20日	1800亿元人民币/1100亿马来西亚林吉特
阿联酋	2015年12月14日	350亿元人民币/200亿阿联酋迪拉姆
白俄罗斯	2018年5月10日	70亿元人民币/22.2亿白俄罗斯卢布
印度尼西亚	2018年11月16日	2000亿元人民币/440万亿印尼卢比
新加坡	2016年3月7日	3000亿元人民币/640亿新加坡元
乌兹别克斯坦	2011年4月19日	7亿元人民币/1670亿乌兹别克斯坦苏姆
蒙古国	2017年7月6日	150亿元人民币/5.4万亿蒙古国图格里克
哈萨克斯坦	2018年5月28日	70亿元人民币/3500亿哈萨克斯坦坚戈
俄罗斯	2017年11月22日	1500亿元人民币/13250亿卢布
泰国	2017年12月22日	700亿元人民币/3700亿泰铢
巴基斯坦	2014年12月23日	100亿元人民币/1650亿巴基斯坦卢比

续表

	签署/续签时间	资金规模
土耳其	2016年12月12日	—
乌克兰	2018年12月10日	150亿元人民币/620亿乌克兰格里夫纳
匈牙利	2016年12月12日	—
阿尔巴尼亚	2018年4月3日	20亿元人民币/342亿阿尔巴尼亚列克
斯里兰卡	2014年9月16日	100亿元人民币/2250亿斯里兰卡卢比
卡塔尔	2017年11月2日	350亿元人民币/208亿里亚尔
亚美尼亚	2015年3月25日	10亿元人民币/770亿亚美尼亚德拉姆
塔吉克斯坦	2015年9月3日	30亿元人民币/30亿索摩尼
格鲁吉亚	2015年9月27日	—
塞尔维亚	2016年6月17日	15亿元人民币/270亿塞尔维亚第纳尔
埃及	2016年12月6日	180亿元人民币/470亿埃及镑

资料来源：《2019年人民币国际化报告》，中国人民银行。

表5-5　建立人民币清算安排的"一带一路"沿线国家

	协议签署时间（最早）
白俄罗斯	2010年3月24日
新加坡	2013年2月8日
卡塔尔	2014年11月3日
马来西亚	2014年11月10日
泰国	2014年12月22日
匈牙利	2015年6月27日
阿联酋	2015年12月14日
俄罗斯	2016年6月25日
菲律宾	2018年11月20日

资料来源：《2019年人民币国际化报告》，中国人民银行。

中国人民银行发布的《2019年人民币国际化报告》显示，2018年服务贸易实现人民币跨境收付金额同比增长32.9%，达到7688亿元，占同期本外币跨境收付比例为20.4%，较2017年提高4.4个百分点。服务贸易项下人民币资金净流出933亿元，同比增加909亿元。服务贸易跨境收付主要集中于境外机票、酒店、学费、旅游及计算机服务等多个类目。其中，服务贸易项下由第三方支付公司完成的人民币跨境收付金额同比增长了171.8%，合计达1790亿元。

(5) 旅游助力"一带一路"沿线国家民心相通

民心相通是落实"一带一路"倡议的社会与民意基础，能够有力增进"一带一路"沿线国家间民众的友好感情，并进一步推动沿线国家间经济合作。旅游作为增进民间交往、促进民众感情交流的重要载体，在"一带一路"民心相通中发挥着催化剂和润滑剂的作用，是各国民心相通的桥梁和纽带。无论是互办旅游年活动、中外旅游团体互访，还是两国间的双向旅游交流，旅游活动都以"民间外交"的形式推动着"一带一路"沿线国家间的民心相通。

自"一带一路"倡议提出以来，我国与"一带一路"沿线各国开展了内容丰富、形式多样、领域广泛的人文交流与合作，民心相通取得了显著进展。首先，民心相通机制已初步建立，制定了教育、旅游和艺术等多领域的民心相通专项合作规划。其次，合作项目有序推进。我国在2016年年底就与"一带一路"沿线国家签订了超过300个政府间文化交流合作协定，建立了中国文化中心11个，打造了旅游年、文化年、智库合作联盟、艺术节等在内的一批极具示范效应的品牌文化活动。再次，建立了"丝绸之路国际美术馆联盟""丝绸之路国际艺术节联盟"等五大联盟，带动了智库、政党、青年团体、城市及社会组织等多主体的全面参与。最后，推进了"一带一路"沿线国家的民间交流。以教育为例，中国"丝绸之路"奖学金计划仅2017年就吸纳"一带一路"沿线国家30多万学生来华留学，同时也有超过6万中国学生赴"一带一路"沿线国家留学。

2. 面临问题

(1) 相关方面对"一带一路"存在认知偏差

第一，国际社会对"一带一路"倡议仍有误读。对于"一带一路"倡议，国际社会上一些专家学者及媒体存在误读和误判。一方面，部分舆论误解认为"一带一路"倡议会对现有的区域合作机制产生挑战。如美国《耶鲁全球化》杂志于2014年1月18日刊发的文章认为，中国提出的"一带一路"倡议将会与"跨太平洋伙伴关系协议"（TPP）相对立。还有人认为，"一带一路"倡议将与美国所倡导的"新丝路计划"有直接竞争关系。另一方面，对"一带一路"倡议的动机与意图也存在误读。有人称之为"中国版马歇尔计划"。伴随"一带一路"建设的持续推进，"中国威胁论"改版为"'一带一路'威胁论"，一些人担心中国是否会借助"一带一路"倡议挑战既有国际体系。

第二，普通民众对"一带一路"倡议了解不深。尽管"一带一路"倡议提出以来，得到沿线各国高层的响应和支持，但普通民众对其了解不多。正如在中国与中东欧旅游合作部分中所论述的，在波兰、捷克、匈牙利等国家的调研中发现，主流媒体上关于"一带一路"的宣传较少。不仅普通民众，就连学者、知识分子等对"一带一路"也缺乏深入了解。

第三，国外对"一带一路"旅游合作存在质疑。中国在"十三五"时期预计将为"一带一路"沿线国家输送游客达1.5亿人次，贡献旅游消费金额超过2000亿美元，与此同时，中国也将吸引沿线国家游客来华旅游8500万人次，并带动旅游消费1100亿美元。巨大的出境旅游市场引发了其他国家对"一带一路"倡议的怀疑。2016年12月8日，美国《赫芬顿邮报》曾刊文指出，中国要利用人海战术，把游客变成战略资源，这将令周边国家和地区无可奈何。

（2）各领域、各主体活动之间缺乏联动

"一带一路"建设辐射地域广、涉及领域宽，是一项系统工程，不同主体广泛参与、相关领域积极推进非常重要。具体到一个国家，各领域、各主体的参与和推进也要有相应的协调机制。目前商贸投资、文化、教育、旅游、基础设施建设等领域之间仍存在沟通不足、缺乏协同等问题，甚至是在同一领域、不同主体之间也存在整合不足的问题。

(3) 旅游合作机制和合作内容尚待深化

第一，"一带一路"沿线国家的旅游合作机制相对松散，合作效率不高。以中东欧旅游为例，先后举办了四次旅游合作高级别会议，中国—中东欧国家旅游促进机构以及企业联合会也于2014年在匈牙利首都布达佩斯成立。在匈牙利、捷克和波兰3个国家中，中国仅与波兰单独签署了合作协议。实际上，中东欧各个国家不仅自身存在较大差异，而且与中国的历史渊源、经济往来、文化和旅游交流也各不相同。仅从是否属于欧盟成员、申根区、欧元区等方面来看，就有较大差别；从旅游操作的角度来看，在签证、货币兑换等问题上也无法等同。由于各种原因，中国—中东欧国家旅游促进机构和企业联合会尚未发挥应有的协调作用。

第二，"一带一路"沿线国家的旅游合作内容笼统，协调作用欠佳。仍以中东欧为例，四次旅游合作高级别会议讨论的议题内容基本相同，仍处于泛泛而谈阶段，在合作机制、合作内容、合作方式、合作效果等方面尚未有明显的深化和推进。

(4) 旅游跨境合作区建设面临现实瓶颈

第一，双边和多边协调机制仍未健全。尽管我国部分边境口岸城市和邻国口岸城市间建立了定期或不定期的交流合作机制，但功能大多停留在日常事务的浅层协调。跨境旅游合作区建设涉及海关监管、口岸开放、产品质量监管、通关便利化、对外投资和法律法规适用等诸多方面问题，其协调与推动必须要从国家层面来开展。以中蒙俄为例，目前尚未建立跨境旅游合作区建设的工作推进和协调机制。特别是有些跨境旅游合作区可能涉及多个国家间的合作，更增加了协调难度。

第二，国家层面配套政策措施尚不完善。从国家层面来看，跨境旅游合作区整体规划与相应的配套支持政策尚未出台，11个边境城市需要纳入跨境旅游合作区的区域划定。如何与我国周边接壤的国家进行共同规划、开发及管理的方案尚不明确。此外，少数边境地区的跨境经济合作区同步推进，其与跨境旅游合作区的功能定位和区域范围相互关联尚不明晰。

第三，跨境旅游合作区发展基础仍显薄弱。对跨境旅游合作区建设而言，较为完善的旅游接待设施和旅游基础设施体系是必不可少的。从中国边境地区现实情况来看，多数沿边地区的公共服务体系和旅游基础设施还不完善。周边国家均是发展中国家，经济不发达，边境地区基本以小城镇为主，普遍存在离中心城市远、核心吸引力缺乏和道路、交通等必要基础设施及旅游景区、餐饮、酒店住宿等服务设施较为落后的问题。

（5）旅游合作交流中社会力量参与相对较少

"一带一路"旅游合作深化乃至倡议的整体推进，需要政府、企业、媒体、智库、公众等各方主体的共同努力。目前相关区域的旅游合作仍以国家和各省市地方的政府部门为主，行业协会、民间组织、相关企业等虽有所参与，但其作用尚未得到有效发挥。

（6）沿线国家来华旅游市场规模相对较小

近年来，我国与"一带一路"沿线各国的旅游往来日益频繁，但是从游客的流向来看，仍以中国向外输送客源为主，来华旅游市场增长缓慢。就存量和增量而言，沿线国家赴中国旅游游客规模小、增速慢，而中国出境到这些国家的游客规模大、增速快。2017年，"一带一路"沿线国家赴中国旅游1064万人次，而中国出境到这些国家的游客人次则为2741万。

（7）部分国人的不文明旅游行为产生影响

旅游是主客文化双向交流的过程，出境游客在领略外国文化风情的同时，也把自己的文化修养呈现给外国民众。目的地民众通常会通过游客的言行举止形成对其国家的初步印象。伴随中国出境游客数量的快速增长,部分中国游客的不文明行为可能会引起目的地民众的关注甚至不满,进而导致目的地公民对中国的误解。

表 5-6　2014—2017 年"一带一路"沿线国家恐怖袭击事件统计

	国家	恐怖袭击事件数量(起)	地区恐怖袭击排名
西亚和中东	伊拉克	12510	1
	也门	2178	8
	叙利亚	1538	12
	土耳其	1239	13
	巴勒斯坦	619	16
	以色列	433	17
	黎巴嫩	312	19
	沙特阿拉伯	295	20
	巴林	84	24
	伊朗	39	27
	约旦	24	28
南亚	阿富汗	6783	2
	马尔代夫	14	29
	巴基斯坦	4977	3
	印度	3735	4
	孟加拉国	728	15
	尼泊尔	345	18
	斯里兰卡	69	25
东南亚	菲律宾	2642	5
	泰国	1209	14
	缅甸	241	21
	印度尼西亚	110	23
	马来西亚	40	26

续表

	国家	恐怖袭击事件数量（起）	地区恐怖袭击排名
非洲	索马里	2506	6
	尼日利亚	2369	7
	利比亚	1883	9
	埃及	1601	11
东欧	乌克兰	1654	10
	俄罗斯	157	22
	捷克	14	30

资料来源：全球恐怖主义数据库（GTD）。

（8）与旅游有关的安全问题值得关注

安全是"一带一路"沿线国家旅游业发展的基础保障，由于涉及的地理范围较广，影响"一带一路"沿线国家旅游安全的风险因素较为复杂。总体上，我国在"一带一路"沿线国家旅游业发展方面还存在着安全保障需求增加、国际化合作机制有待建立、安全资源供给不均衡、市场化程度不够等问题。

表5-7　"一带一路"沿线国家的风险类型与安全保障重点

	主要国家	主要风险类型	安全保障资源需求重点
高收入国家	新加坡、文莱；爱沙尼亚、捷克、斯洛文尼亚、克罗地亚、波兰、匈牙利、立陶宛、拉脱维亚、斯洛伐克；以色列、沙特阿拉伯、阿联酋、科威特、巴林、卡塔尔、阿曼	◆东南亚的新加坡、文莱存在病毒疫情和航班延误，以及台风等气象风险 ◆东欧发达国家针对中国游客的盗窃抢劫、诈骗等社会治安事件频发 ◆中东发达国家与我国宗教、文化风俗迥异，非英语区国家存在沟通障碍，存在旅游冲突风险，航班延误风险多发	◆旅游安全预警信息 ◆中文语言服务 ◆旅游安全应急资源 ◆旅游警察 ◆旅游安全领事保护

续表

	主要国家	主要风险类型	安全保障资源需求重点
中高收入国家	泰国、马来西亚；俄罗斯、白俄罗斯、格鲁吉亚、北马其顿、塞尔维亚、阿尔巴尼亚、黑山、波黑、保加利亚、阿塞拜疆、罗马尼亚；马尔代夫、斯里兰卡；哈萨克斯坦、土库曼斯坦、约旦、土耳其、黎巴嫩、伊拉克、伊朗	◆东南亚的泰国、马来西亚自然灾害、各类水陆交通事故频发，游客溺水风险较高，航班延误事故多发 ◆南亚的斯里兰卡社会治安和公共卫生风险较高，马尔代夫游客溺水风险较高 ◆中亚和西亚恐怖主义、宗教冲突、军事风险较高，社会治安风险值得关注，部分国家存在中东呼吸综合征等病毒疫情 ◆东欧俄罗斯等国存在盗窃、抢劫、诈骗等社会治安风险，因各种因素导致的签证拒签风险较大，地理因素导致游客突发疾病风险较大，恐袭偶发	◆安全的旅游社区 ◆旅游警察 ◆旅游安全预警信息 ◆中文语言服务 ◆旅游医疗保障 ◆高效的紧急救援资源 ◆全程旅游安全应急资源 ◆预防与处置相结合的旅游安全领事保护
中低收入及低收入国家	蒙古国；菲律宾、老挝、柬埔寨、缅甸、越南、印度尼西亚、东帝汶；印度、巴基斯坦、孟加拉国、不丹、尼泊尔；摩尔多瓦、乌克兰、亚美尼亚、乌兹别克斯坦、塔吉克斯坦、吉尔吉斯斯坦；巴勒斯坦、叙利亚、也门；阿富汗	◆东亚的蒙古国交通、治安、医疗风险较高 ◆东南亚地区的台风、洪水、泥石流等自然灾害频发，疟疾、霍乱、登革热等病毒疫情高发，水陆交通事故频发，菲律宾、印度尼西亚等国的社会治安条件薄弱，恐怖袭击偶发 ◆南亚的印度、巴基斯坦、孟加拉等国部分地区全年高温，中暑等安全事故高发；不丹、尼泊尔地震频发；印度等地社会治安较差，性犯罪频发 ◆东欧乌克兰等地军事冲突较为严重 ◆中亚和西亚国家自然灾害、交通事故风险较高，军事冲突、社会治安风险严峻，针对境外游客的武装抢劫、绑架风险较大；恐怖主义、宗教冲突、军事战争、社会治安风险均较大	◆安全的旅游社区 ◆旅游警察 ◆旅游安全预警信息 ◆中文语言服务 ◆旅游医疗保障 ◆高效的紧急救援资源 ◆全程旅游安全应急资源 ◆预防与处置相结合的旅游安全领事保护

资料来源：谢朝武、黄锐、陈岩英：《"一带一路"倡议下中国出境游客的安全保障——需求、困境与体系建构研究》，《旅游学刊》2019年第3期。

表 5-8　2013—2018 年旅游安全感知事件频次与占比

	事件类型	2013—2015 年	2016—2018 年
事故灾难安全事件	遭遇抢劫	10/6.49%	9/2.69%
	战争暴乱风险	12/7.79%	19/5.67%
	游玩受伤	16/10.39%	12/3.58%
	被宰受骗	14/9.09%	46/13.73%
	恐怖袭击风险	—	10/2.99%
	政治安全风险	—	4/1.19%
自然环境安全事件	太阳晒伤	8/5.19%	12/3.58%
	冰雪灾害	3/1.95%	3/0.90%
	天气多变	—	6/1.79%
	地震安全	—	2/0.60%
	动物威胁	—	4/1.19%
公共卫生安全事件	环境脏乱	15/9.74%	18/5.37%
	食物不适应	2/1.30%	3/0.90%
	传染性疫情	—	1/0.30%
	文化习俗冲突	20/12.99%	54/16.12%
	通信设施差	4/2.60%	5/1.49%
	社会治安差	6/3.90%	13/3.88%
	强买强卖	2/1.30%	4/1.19%
	交通条件差	21/13.64%	28/8.36%
	基础设施差	10/6.49%	23/6.87%
社会环境安全事件	换汇困难	3/1.95%	3/0.90%
	出境被阻	—	5/1.49%
	财务被盗	8/5.19%	—
	语言障碍	—	5/1.49%
	路况复杂	—	14/4.18%
	社会秩序混乱	—	17/5.07%
	居民行为异常	—	6/1.79%

资料来源：朱尧、邹永广、李强红等：《网络关系视角下中国公民出境旅游安全感知事件时空分布特征——以"一带一路"沿线国家为例》，《世界地理研究》2020 年第 6 期。

根据朱尧[①]等人的分析，在游客安全感知中，文化习俗冲

---

① 朱尧、邹永广、李强红等：《网络关系视角下中国公民出境旅游安全感知事件时空分布特征——以"一带一路"沿线国家为例》，《世界地理研究》2020 年第 6 期。

突、社会秩序混乱、被宰受骗、环境脏乱等一直普遍存在，发生频次高，比重大（见图5-2）。

2013—2015年

2016—2018年

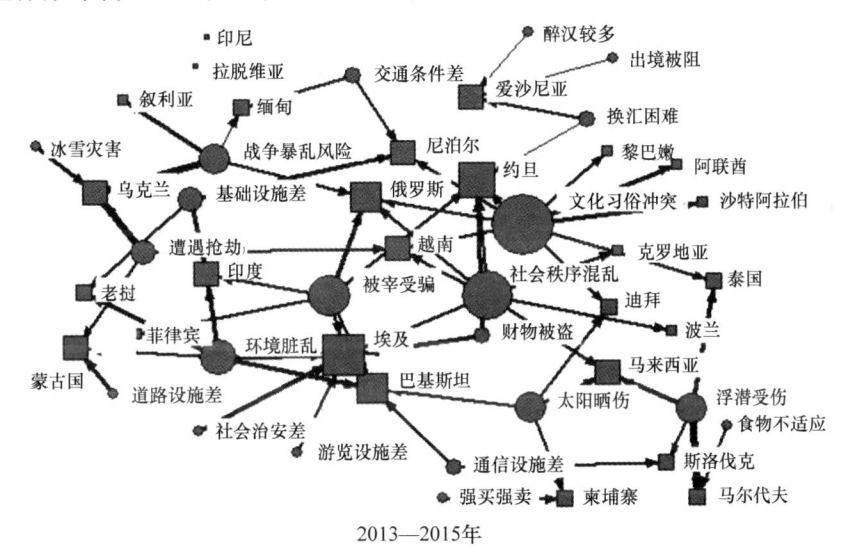

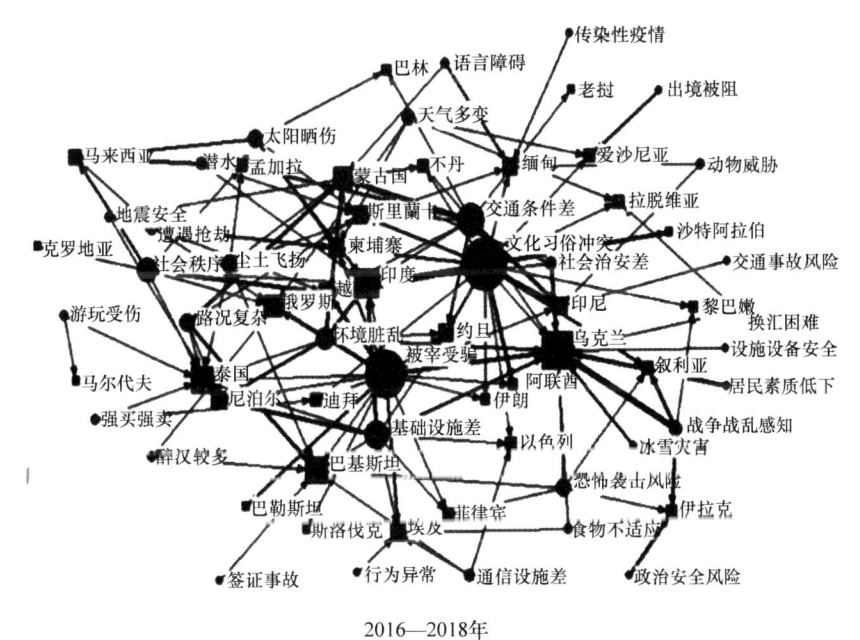

图5-2 2013—2018年旅游安全感知事件空间网络

资料来源：朱尧、邹永广、李强红等：《网络关系视角下中国公民出境旅游安全感知事件时空分布特征——以"一带一路"沿线国家为例》，《世界地理研究》2020年第6期。

（三）"一带一路"助推旅游发展：机制分析

1. 问题提出

近年来，研究者分别对"一带一路"倡议助推旅游发展的基础条件、实施效果、面临制约、发展建议等议题进行了探讨。从基础条件来看，沿线国家和地区较为丰富的旅游资源和相对丰裕的劳动力资源奠定了旅游业发展的良好基础。"一带一路"沿线国家的旅游消费市场巨大，尤其是西欧、地中海沿岸、东南亚等区域吸引着来自全球各地的旅游者，是旅游投资和消费的热门地区。中国庞大的出境旅游消费市场带动了中国对外旅游投资，并为"一带一路"沿线国家和地区旅游发展带来难得机遇。从具体实施成效来看，"一带一路"建设框架下基础设施联通的不断推进，已经或即将惠及具有旅游禀赋优势的沿线国家。特别是对于广袤的中亚和西亚地区而言，陆路交通连接效率的提升对其旅游资源开发与利用意义重大。"一带一路"倡议所倡导的民心相通也有利于促进沿线国家之间的相互往来，进一步推动旅游发展。"一带一路"倡议所带动的中蒙俄、新亚欧大陆桥、中国—中亚—西亚、中国—中南半岛、中巴、孟中印缅六大经济走廊，对于促进跨区域旅游发展具有重要作用。基于 PESTEL 模型的宏观分析表明，"一带一路"倡议已经带动泰国、俄罗斯等国家医疗、度假、酒店及养生等领域的投资。旅游业发展在提升沿线国家及地区人民生活质量和水平的同时，也不断增强当地居民的文化共识、生活满意度及幸福感。从面临制约来看，基础设施有待完善，旅游便利化程度仍需提升，航空业、酒店业人才供给不足，特别是精通汉语和东道国非通用语言的旅游行业人才稀缺等现实问题制约着"一带一路"旅游领域的发展和合作。从发展建议来看，出入境手续便利化、基础设施建设、公共服务体系建设、跨国自驾游产品开发、旅游安全管理等被认为是推进"一带一路"沿线旅游发展的重要内容。

总体来看，目前对"一带一路"倡议与旅游发展的研究已经取得了丰硕成果，并对实践发展发挥了积极作用。不过，受研究视角和方法所限，仍存在较大拓展空间。具体体现在如下三个方面。一是相关研究多以定性为主，定量研究相对较少；为数不多的定量研究主要集中于各沿线国家本身，持比较视角者较为鲜见。二是大多数研究仍停留于对"一带一路"倡议实施效果的评价层面，对其内在作用机制进行深入探讨的不多。三是在效果评估和作用机制的研究中，缺乏人力资本的视角。宏观层面的研究显示，"一带一路"倡议不仅有助于促进沿线各国均衡发展，也有助于提高劳动力素质和优化人力资源结构。就"一带一路"建设而言，其离不开世界范围内不同领域的国际化人才的通力合作。

有鉴于此，我们试图从国际比较视角出发，利用2006—2015年共包含217个经济体的跨国面板数据，探究旅游发展与"一带一路"倡议之间的关系，着重关注倡议助推旅游业发展的内在机制，尤其是人力资本在其中的具体作用。为此，提出以下两个假设。

假设1："一带一路"倡议能够对旅游发展形成有效推动。

假设2：人力资本在"一带一路"倡议助推旅游业发展中发挥中介作用。

2. 实证分析

本研究基于世界银行和世界旅游组织数据建立面板固定效应模型，以检验研究假设1，识别"一带一路"倡议与旅游发展的关系；进而使用"与中国的地理距离"以及"是否和中国具有相近的传统信仰"作为工具变量，通过广义矩估计克服因遗漏变量而导致的模型内生性问题。在此基础上，通过变换模型形式、更换数据来源、重新选取代理变量等方式对估计结果进行稳健性检验，同时通过排除竞争性假设强化估计结果的因果含义。最后，使用逐项回归法和KHB法检验研究假设2，识别出人力资本的中介作用。

（1）数据和计量模型介绍

针对"一带一路"倡议与旅游发展的关系，本报告设定初始回归模型如下：

$$y_{i,t} = \alpha \cdot y_{i,t-1} + \beta \cdot BR_{i,t} + X_{i,t}^{'} \cdot \gamma + \varphi_i + \omega_t + \varepsilon_{i,t} \quad (1)$$

式（1）中，被解释变量 y 指代"一带一路"倡议沿线国家的旅游发展状况，分别选取年度入境游客人次和入境旅游收入作为代理变量，并以对数形式纳入回归方程。$BR_{i,t}$ 为"一带一路"倡议指征变量，下标 i 和 t 分别代表国别面板数据中的不同经济体和年份。X 包含了能够影响旅游业发展的其他控制变量，包括资本形成率、国内生产总值（GDP）、对外开放度、劳动力、技术进步和制度因素等。

模型数据来源于世界旅游组织数据库和世界发展指标数据库（世界银行）。模型设计的因变量、核心解释变量、控制变量和机制变量如下：①以各经济体每年接待入境过夜游客人次和以2010年不变价美元作为衡量单位的入境旅游收入反映其国际旅游发展；②借助以2010年不变价美元作为衡量单位的人均GDP对数反映经济体整体经济发展状况；③以资本形成率（资本形成总额占GDP的比重）反映其基础设施建设水平；④传统的投资统计不能充分反映新技术和新商业模式，但后者与旅游市场的发展潜力密切相关，为此模型包含了每万人科技期刊论文数，旨在衡量原创性技术进步；⑤对外开放程度通过外商直接投资（FDI）占GDP的比重进行反映；⑥就业结构通过劳动年龄人口占总人口比重来反映（需要指出的是，世界发展指标数据库将15—64岁人群界定为劳动年龄人口）；⑦制度特征通过全球治理指标（WGI，来源于世界银行）来反映，取六项原始数据均值，满分为100，数值越大代表制度质量越高；⑧同时考虑就业和人力资本因素，其中就业数据来自世界银行相关统计，人力资本数据来自 Barro-Lee 国际教育数据库。考虑到短期内的人力资本水平变化一般相对稳定，对人力资本水平在非整数年份数据采用平滑估计。数据的描述性统计如表5-9所示。

表5-9　　　　　　　　主要变量的描述性统计

		变量含义	均值	标准差	最小值	最大值
因变量	lninbound	年度接待的入境（过夜）游客人次取自然对数	6.838	2.041	0	12.088
	lntourrev	年度入境旅游收入取自然对数	6.757	2.207	0	12.419
核心解释变量	beltroad	是否为"一带一路"沿线国家	0.087	0.282	0	1
控制变量	lnGDP	以2010年不变价美元作为衡量单位的人均GDP取自然对数	8.360	1.534	4.752	11.879
	labor	劳动年龄人口占经济体总人口的比重（%）	61.093	7.135	45.633	85.872
	invest	资本形成总额占GDP的比重（%）	23.553	8.265	1.779	70.66
	open	外商直接投资占GDP的比重（%）	0.229	1.471	-67.471①	33.014
	WGI	满分为100，数值越大代表制度质量越高	49.275	26.537	0.314	98.792
	R&D	每万人所拥有的科技期刊论文数量	2.518	4.616	0	26.035
机制变量	HC	平均受教育年限	7.748	3.033	0.878	15.440
	lnemp	就业规模，取自然对数	15.250	1.650	11.900	20.010

① 如某一年度外商直接投资数额小于资金撤回数额，则该年度外商直接投资占GDP的比重为负值。

(2) 基准回归结果

基准回归使用 217 个经济体 2006—2015 年的平衡面板数据。模型 1 和模型 2 所选取的国际旅游发展的代理变量为年度接待入境（过夜）游客人次，模型 3 和模型 4 所选取的国际旅游发展的代理变量为年度入境旅游收入。此外，模型 1 和模型 3 为静态面板估计，模型 2 和模型 4 的解释变量纳入了被解释变量的滞后一期，为动态面板估计。基准方程和回归方程均对时间固定效应和个体固定效应予以控制。表 5-10 呈现的是基准回归结果。

表 5-10　　　　　　　　　　基准回归的估计结果

	模型 1	模型 2	模型 3	模型 4
BR	0.200 *** (0.044)	0.066 ** (0.032)	0.242 *** (0.047)	0.076 *** (0.029)
Lag. y		0.548 *** (0.023)		0.619 *** (0.020)
labor	0.078 *** (0.012)	0.015 (0.011)	0.126 *** (0.013)	0.026 *** (0.010)
invest	0.006 *** (0.002)	0.003 * (0.002)	0.006 ** (0.003)	0.004 ** (0.002)
open	0.062 *** (0.021)	0.045 *** (0.017)	−0.031 (0.023)	−0.017 (0.015)
WGI	0.027 *** (0.004)	0.013 *** (0.003)	0.016 *** (0.004)	0.009 *** (0.003)
R&D	0.056 *** (0.012)	0.030 *** (0.010)	0.068 *** (0.013)	0.011 (0.009)
常数项	0.489 (0.738)	1.535 ** (0.665)	−2.123 *** (0.805)	0.529 (0.605)
国别固定效应	已控制	已控制	已控制	已控制
时间固定效应	已控制	已控制	已控制	已控制

注：* $p < 0.1$、** $p < 0.05$、*** $p < 0.01$ 分别表示在 10%、5%、1% 的统计水平下显著。

基准方程的回归结果表明，无论是选取年度接待入境（过夜）游客人次还是年度入境旅游收入作为估计旅游发展的代理变量，无论是否把解释变量的滞后一期纳入回归方程，均可初步观察到"一带一路"倡议对经济体的旅游发展具有显著的正向影响。需要指出的是，方程如果存在遗漏解释变量，则有可能造成基准回归的估计系数存在偏误，因此考虑使用工具变量克服潜在的内生性问题。

（3）内生性处理

常见的内生性问题大致来源于两个方面。一是解释变量之于被解释变量的影响关系有可能与预设相反，即存在反向因果问题。由于本报告的解释变量为"某一经济体是否属于'一带一路'倡议沿线国家"。显然，该国是否加入"一带一路"倡议并不单独取决于该国的入境旅游人次或入境旅游收入。因此本报告所使用的回归模型不存在明显的反向因果问题。二是若存在能够影响国际旅游发展的重要解释变量未被纳入回归方程，则会导致回归方程的残差项与被解释变量相关，即模型存在遗漏变量问题。为此，本报告采取固定效应模型进行估计，以期在相当程度上控制虽未被纳入回归方程但不随时间变化的因素。同时，我们将采用广义矩估计（GMM）的方法，进一步控制潜在的内生性影响。

借鉴相关研究的经验，本报告工具变量的选择为"与中国的地理距离"以及"是否和中国具有相近的传统信仰"。与中国的地理距离可在一定程度上反映该国与中国长期联结关系的强弱，数据来源于法国国际预测研究中心数据库（Center for International Prospective Studies，CEPII），采用北京与东道国首都的空间距离加以衡量。是否和中国具有相近的传统信仰同样可在一定程度上反映该国与中国长期联结关系的强弱，数据来自"一带一路"网站和我国商务部的国别数据库。若某一经济体的主流信仰在中国亦具有一定的传统和基础，则赋值为1，反之则赋值为0。由于地理和传统信仰因素的形成过程极为漫长，不易受短期接待入境游客人次或入境旅游收入的影响，因此适于作为工具变量。广义矩估计结果见表5-11。

表5-11　　　　　　　　　　　IV-GMM 估计结果

	模型5	模型6	模型7	模型8
BR	0.260*** (0.013)	0.194*** (0.019)	0.344*** (0.016)	0.117*** (0.020)
Lag. y		0.543*** (0.092)		0.445*** (0.080)
labor	0.013*** (0.007)	0.021*** (0.008)	0.013*** (0.007)	0.018*** (0.010)
invest	0.005** (0.002)	0.010*** (0.020)	0.010*** (0.002)	0.008** (0.002)
open	0.016*** (0.004)	0.018** (0.008)	0.010* (0.007)	0.016*** (0.003)
WGI	0.006*** (0.002)	0.005*** (0.002)	0.004** (0.002)	0.007*** (0.002)
R&D	0.010** (0.006)	0.012*** (0.005)	0.016*** (0.006)	0.015* (0.009)
常数项	1.489** (0.738)	1.535** (0.665)	2.123*** (0.805)	1.505** (0.605)
国别固定效应	已控制	已控制	已控制	已控制
时间固定效应	已控制	已控制	已控制	已控制
工具变量	与中国地理距离，是否和中国有相近信仰	与中国地理距离，是否和中国有相近信仰	与中国地理距离，是否和中国有相近信仰	与中国地理距离，是否和中国有相近信仰
过度识别检验的P值	0.389	0.346	0.783	0.383
弱工具变量检验	大于15%最大临界值	大于10%最大临界值	大于25%最大临界值	大于15%最大临界值

注：*$p<0.1$、**$p<0.05$、***$p<0.01$ 分别表示在10%、5%、1%的统计水平下显著。

如表5-11所示，一方面，从工具变量有效性来看，过度识别检验对工具变量外生的原假设无法拒绝；另一方面，从工具变量与内生解释变量之间相关性来看，在比较严格的意义上看，检验结果显示不存在显著的弱工具变量问题。从外生性和相关性两个角度，检验结果均表明本报告的工具变量选取较为恰当。在使用工具变量克服基准回归模型的潜在内生性影响后，本报告实证分析有如下发现。

其一，"一带一路"倡议的确对旅游发展有促进作用，即本报告研究的假设1得到初步验证。在模型使用入境游客接待人次或入境旅游收入作为国际旅游发展的代理变量以及分别采用静态面板或动态面板形式进行估计的情况下，均可看到，"一带一路"倡议对旅游发展具有显著的正向影响。在使用工具变量克服模型的潜在内生性影响后，该假设依然成立。值得注意的是，相对于基准回归方程，广义矩估计的结果显示"一带一路"指征变量的估计系数方向不变，而显著性水平和系数绝对值的大小均呈现出不同程度的改善。这说明，模型在受到内生性问题的影响时，回归结果倾向于低估"一带一路"倡议对国际旅游发展的影响。即是说，通过工具变量处理了内生性问题之后，得到的估计结果更加令人信服。

其二，经济体的劳动力资源优势对国际旅游发展存在积极影响。如前所述，经济体的劳动力资源优势对国际旅游分工体系等有积极意义。在使用劳动年龄人口占经济体总人口的比重，即狭义的"人口红利"概念作为代理变量时，针对全样本的回归分析初步印证了这一理论判断，说明了劳动力资源数量的作用。本报告的后续实证分析将通过进一步的机制检验，观察劳动力资源的质量因素，即人力资本在"一带一路"倡议助推旅游发展的过程中是如何发挥作用的。

其三，资本形成是影响国际旅游发展的重要因素。模型估计结果显示，无论是以入境游客接待人次还是以入境旅游收入衡量，就国际旅游发展而言，资本形成总额占 GDP 的比重均具有显著的促进作用。

其四，国家治理水平对国际旅游发展亦有重要作用。估计结果显示，经济体的制度改善对于旅游发展确实发挥了显著的正向作用。值得注意的是，在综合指标的视野下，制度所反映的国家治理水平既包含了狭义的法律和行政规制，也包含了市场和产业发育、消除价格扭曲和垄断壁垒等无形制度信息。这对于提升"一带一路"沿线国家的旅游便利化程度而言尤为关键。

（4）稳健性检验

通过运用不同的计量经济方法，我们在一定程度上克服了解释变量的内生性影响，之前的实证检验结果初步显示了"一带一路"倡议对于旅游发展确有助推作用。为进一步检验估计结果的稳健性，本报告通过更换部分变量的数据来源、变换部分变量进入回归方程的代数形式以及重新选择不同的代理变量等不同方式，针对前述估计结果进行稳健性检验。

一方面，仅考虑对外开放程度的线性形式可能会忽略本地旅游市场和入境旅游市场之间此消彼长的潜在关系，因此本书试图在引入对外开放程度平方项的基础上对模型进行重新估计。另一方面，稳健性检验在更换创新研发变量和制度变量数据来源的基础上重新进行了模型估计。为了解决经济发展与公共治理水平改善间的逆向因果影响，我们将 WGI 指数中的腐败控制作为制度质量数据唯一入选项。创新研发数据变更为居民专利数量（此前为每万人科技期刊论文数量）。稳健性检验结果如表 5 - 12 所示，在更换部分变量的数据来源、变换部分变量进入回归方程的代数形式和重新选择不同的代理变量后，依然可以看到，"一带一路"倡议对于助推旅游发展具有稳健的积极影响。本研究的假设 1 得以验证。

表 5 – 12 稳健性检验结果

	模型 9	模型 10	模型 11	模型 12
BR	0.201*** (0.044)	0.068** (0.032)	0.234*** (0.047)	0.074** (0.029)
Lag. y		0.549*** (0.023)		0.627*** (0.019)
labor	0.078*** (0.012)	0.015 (0.011)	0.123*** (0.013)	0.025 (0.009)
invest	0.008*** (0.002)	0.003* (0.002)	0.006** (0.003)	0.004 (0.002)
open	0.058 (0.044)	0.093*** (0.035)	-0.187*** (0.048)	-0.073** (0.032)
$open^2$	0.001 (0.006)	-0.007 (0.004)	0.023*** (0.006)	0.008** (0.004)
WGI	0.027*** (0.004)	0.013*** (0.003)	0.017*** (0.004)	0.009*** (0.003)
R&D	0.056*** (0.012)	0.031*** (0.011)	0.066*** (0.013)	0.011 (0.009)
常数项	0.495 (0.741)	1.472** (0.665)	-1.923** (0.802)	0.598 (0.605)
国别固定效应	已控制	已控制	已控制	已控制
时间固定效应	已控制	已控制	已控制	已控制

注：*$p<0.1$、**$p<0.05$、***$p<0.01$ 分别表示在 10%、5%、1% 的统计水平下显著。

（5）排除竞争性解释

前述实证分析在计量经济学框架下论证了"一带一路"倡议之于国际旅游发展具有稳健的正向因果含义。不过，既有检验过程不能完全排除影响国际旅游发展的其他因素恰好与"一带一路"倡议相重叠的情形，即竞争性解释的干扰。

从历史来看，1993 年联合国世界旅游组织第十届全体大会上首次提出丝绸之路旅游项目的概念。鉴于彼时丝绸之路沿线文化交流、贸易与旅游的发展，联合国世界旅游组织决定将古丝绸之路的路线作为旅游概念加以重新设计，并通过一个跨度超过12000千米的旅游项目连接三个大洲。该项目由联合国世界旅游组织与教科文组织共同推进，通过塑造一个以文化和自然遗产以及旅游多样性（陆地和海洋路线）为重点的旅游概念，将意大利、乌兹别克斯坦以及日本等25个国家连在一起，从而使东道主和旅游者共同受益。截至2016年1月，丝绸之路项目的成员国包括33个国家。①

由于联合国丝绸之路旅游项目与中国发起的"一带一路"倡议在参与成员国方面有相当程度的重合，且前者专注于旅游发展。因此，联合国丝绸之路旅游项目有可能构成了"一带一路"倡议助推旅游发展的竞争性解释，本报告尝试通过计量经济学识别予以排除。

表5-13显示了排除竞争性解释的估计结果。变量silkroad参考变量BR的处理方式，若观测对象为联合国丝绸之路旅游项目的参与国则赋值为1，反之则赋值为0。其余控制变量与前述分析一致。估计结果显示，如保持其他条件不变，在模型使用入境游客接待人次或入境旅游收入作为国际旅游发展的代理变量，以及分别采用静态面板或动态面板形式加以估计的情况下，均未能够观察到联合国丝绸之路旅游项目对国际旅游发展具有统计学意义上的显著影响。对于这一结论，可能的解释在于，尽管该项目对旅游品牌的营销和推广给予了充分重视，例如试图通过柏林国际旅游展（ITB Berlin）和伦敦世界旅游交易会（WTM London）等重要国际展会提升丝绸之路的旅游品牌影响力，但是，助推旅游发展的机制并不单纯集中于直接性的旅游

---

① 阿尔巴尼亚、亚美尼亚、阿塞拜疆、孟加拉国、保加利亚、中国、克罗地亚、朝鲜、韩国、埃及、格鲁吉亚、希腊、伊朗、伊拉克、以色列、意大利、印度尼西亚、日本、哈萨克斯坦、吉尔吉斯斯坦、蒙古国、巴基斯坦、罗马尼亚、俄罗斯联邦、沙特阿拉伯、圣马力诺、西班牙、叙利亚、塔吉克斯坦、土耳其、土库曼斯坦、乌克兰以及乌兹别克斯坦。

事务本身，基础设施水平的改善、投资形成与积累等因素往往会对国际旅游发展产生极为关键的影响。该项目对于成员国的旅游品牌打造发挥了积极作用，而"一带一路"倡议对国际旅游发展的助推作用主要表现在于"五通"的系统性推进，尤其是设施联通、民心相通等因素。

表 5-13　　　　　　　　　　排除竞争性解释

	模型 13	模型 14	模型 15	模型 16
silkroad	-0.048 (0.039)	-0.053 (0.057)	0.089 (0.078)	0.041 (0.052)
Lag. y		0.554*** (0.023)		0.628*** (0.020)
labor	0.085*** (0.012)	0.015 (0.011)	0.135*** (0.013)	0.029*** (0.010)
invest	0.007*** (0.002)	0.003 (0.002)	0.006** (0.003)	0.004** (0.002)
open	0.062*** (0.021)	0.045*** (0.017)	-0.033 (0.024)	-0.018 (0.015)
WGI	0.028*** (0.004)	0.013*** (0.003)	0.017*** (0.004)	0.009*** (0.003)
R&D	0.064*** (0.012)	0.033*** (0.010)	0.076 (0.013)	0.015 (0.009)
常数项	0.003 (0.737)	1.461** (0.674)	-2.770*** (0.803)	0.209 (0.614)
国别固定效应	已控制	已控制	已控制	已控制
时间固定效应	已控制	已控制	已控制	已控制

注：$^*p<0.1$、$^{**}p<0.05$、$^{***}p<0.01$ 分别表示在 10%、5%、1% 的统计水平下显著。

(6) 中介机制分析

前述分析确认了"一带一路"倡议助推旅游发展的经验证据，仍需深入分析其发挥作用的具体机制。理论模型的推导结果显示，经济体的劳动力资源优势对国际旅游发展存在积极影响，这也从实证分析特别是控制了内生性影响的估计结果中得到印证。不过，前述分析仅考虑了劳动力资源的量的方面，或称狭义的人口红利方面，本报告试图通过综合考量人口红利的质量，即人力资本层面，分析其在"一带一路"倡议助推国际旅游发展中的中介作用。

表5-14展示了中介效应识别框架。具体分三个步骤进行中介效应识别：步骤一，进行"一带一路"倡议对国际旅游发展的常规回归。步骤二，在控制变量保持不变的情况下，进行"一带一路"倡议对潜在中介变量即人力资本变量的回归。如未能得到显著的估计结果，则判断不存在中介效应；如估计结果显著，则进入步骤三。步骤三，将中介变量纳入步骤一的常规方程进行回归，并根据回归结果判断中介效应的性质。加入中介变量后，"一带一路"倡议的估计系数如若不再显著，则人力资本发挥了完全中介作用；若仍然显著，但显著性水平有所下降或估计系数的绝对值缩小，则人力资本发挥了部分中介作用。

表5-14　人力资本在"一带一路"倡议助推国际旅游发展中的中介作用

	模型16			模型17		
	模型16A	模型16B	模型16C	模型17A	模型17B	模型17C
因变量	lninbound	HC	lninbound	lntourrev	HC	lntourrev
HC			0.268*** (0.042)			0.263*** (0.046)
BR	0.201*** (0.044)	0.259*** (0.058)	0.107* (0.066)	0.242*** (0.048)	0.259*** (0.058)	0.177** (0.071)
labor	0.078*** (0.012)	0.171*** (0.014)	0.027 (0.018)	0.126*** (0.013)	0.171*** (0.014)	0.056*** (0.019)
invest	0.008*** (0.002)	0.002 (0.003)	0.010** (0.004)	0.006** (0.003)	0.002 (0.003)	0.015*** (0.004)
open	0.062*** (0.021)	0.029** (0.012)	0.040* (0.024)	-0.031 (0.023)	0.029** (0.012)	-0.029 (0.027)
WGI	0.027*** (0.004)	0.019*** (0.005)	0.025*** (0.006)	0.016*** (0.004)	0.019*** (0.005)	0.017*** (0.006)

续表

	模型16			模型17		
	模型16A	模型16B	模型16C	模型17A	模型17B	模型17C
因变量	lninbound	HC	lninbound	lntourrev	HC	lntourrev
R&D	0.056*** (0.012)	0.148*** (0.012)	0.018 (0.014)	0.068*** (0.013)	0.148*** (0.012)	0.036** (0.016)
常数项	0.489 (0.738)	−1.960** (0.904)	2.104** (1.012)	−2.123*** (0.805)	−1.960** (0.904)	0.510 (1.101)
国别固定效应	已控制	已控制	已控制	已控制	已控制	已控制
时间固定效应	已控制	已控制	已控制	已控制	已控制	已控制

注：$^*p<0.1$、$^{**}p<0.05$、$^{***}p<0.01$ 分别表示在10%、5%、1%的统计水平下显著。

如表5-14所示，模型16和模型17的区别在于，国际旅游发展的代理变量分别选取入境游客接待人次和入境旅游收入。回归结果表明：以平均受教育年限衡量的人力资本对于国际旅游发展存在显著正向影响；在同时考虑"一带一路"倡议和人力资本的情况下，"一带一路"倡议的估计系数依然具有显著性，但在模型16和模型17中，估计系数的绝对值分别下降了47%和23%左右。这表明，人力资本在"一带一路"倡议助推国际旅游发展的过程中发挥了部分中介作用。

逐项回归法可识别出中介效应的存在，但对中介作用的具体程度难以量化识别。为此，采用KHB法对中介效应进一步加以检验和识别。该中介效应检验方法的优点在于，不仅能判断是否存在中介效应，还可在存在中介效应的前提下测算出中介变量的具体贡献。本报告以KHB法进行中介机制检验的步骤如下：步骤一，简化模型（Reduced Model）包含"一带一路"变量和其他控制变量，识别核心解释变量对因变量的总效应（total effect）。步骤二，完全模型（Full Model）进一步加入人力资本这一中介变量，识别核心解释变量所产生的直接效应（direct effect)。步骤三，总效应和直接效应相减的差值即为核心自变量的间接效应（indirect effect），也即中介变量所发挥的作用。采用 KHB 法的中介机制的分析结果见表 5-15。

表 5-15　　　　　　　　　　KHB 法识别中介效应

		模型 4-16 S	模型 4-17 S
被解释变量		lninbound	lntourrev
解释变量		BR	BR
中介效应	总效应	0.042***	0.048***
	直接效应	0.039***	0.044***
	间接效应	0.003***	0.004**
贡献率		7.41%	8.33%

KHB 法的检验显示（见表 5-15），引入中介变量后，模型中的核心解释变量系数都出现了不同程度的下降，但间接效应系数依然显著为正。在前述逐项回归法基础上，KHB 法的检验结果进一步证实了人力资本在"一带一路"倡议影响国际旅游发展的因果路径中发挥了中介作用，且中介效应的贡献率为 7.41%—8.33%。可见，对"一带一路"沿线国家而言，人力资本具有助推国际旅游发展的中介作用。

3. 结论与思考

本部分使用 2006—2015 年共包含 217 个经济体的平衡面板数据，建立固定效应模型识别"一带一路"倡议与旅游发展的关系。通过工具变量的处理在一定程度上克服了模型的内生性影响，并排除了"一带一路"倡议以外的因素助推国际旅游发展的竞争性假设，从而增强了实证研究结果的可信性。此外，机制分析结果表明，人力资本在"一带一路"倡议助推国际旅游发展过程中发挥了部分中介作用。

(1) 主要结论

从"一带一路"倡议对旅游发展的作用而言，在引入国际比较视角并排除了若干竞争性假设后，可更加清晰准确地认识到"一带一路"倡议在助推国际旅游发展方面具有显著作用。特别是"丝绸之路旅游项目"等竞争性假设的排除，表明自然地理和人文历史领域的旅游资源优势不能涵盖旅游发展的全部充分条件，而"一带一路"倡议有利于发挥投资、基础设施建设和客源市场等方面的优势，有助于推进政府间沟通和合作，从而助推沿线国家的旅游发展。

就"一带一路"倡议对旅游发展的作用机制而言，人力资本在"一带一路"倡议助推国际旅游发展的过程中发挥了中介作用。旅游从业人员的专业化水平和综合素养在相当程度上决定旅游资源向旅游吸引力转化的最终效果。就旅游业的服务业本质而言，旅游产业难以如制造业一样依靠追加的资本投入与追加的劳动力资源投入相结合来扩大生产。这意味着，在旅游资源禀赋结构相同或接近的条件下，旅游发展质量在相当程度上受到行业人才数量和质量的影响。就旅游业从技术进步中的获益而言，新产品的涌现、新技术的渗透和新商业模式的诞生无不有赖于人才红利的作用。"一带一路"倡议通过改善沿线国家的人力资本助推旅游发展，这一间接贡献不容忽视。

(2) 相关思考

首先，应加强"一带一路"沿线国家在旅游领域的人力资源开发和国际合作。沿线国家应更加重视旅游领域的正规教育和在职培训投入，同时以政策沟通和民心相通为抓手，充分挖掘国际合作项目和经验分享潜力，以正规化、专业化和国际化为目标，加强人力资源开发，着力突破制约旅游发展的人力资源瓶颈。

其次，应加强"一带一路"沿线国家在旅游营销和品牌建设等方面的合作。随着"一带一路"倡议的合作基础不断夯实和拓宽，依托于人文历史概念而形成的丝绸之路成为备受关注的全球性旅游线路。"一带一路"倡议的建设应考虑与联合国丝绸之路旅游项目等深度结合，共同持续营销"丝路"品牌，提升"一带一路"的品牌形象和旅游吸引力。通过更高水平的国际化引导市场营销、媒介传播和学术研究形成合力，助力"一带一路"旅游品牌影响力的提升。

最后，应提升"一带一路"沿线各国间旅游便利化程度。尽管部分沿线国家已是地域性商业和旅游枢纽，但就整体而言，签证政策相对复杂、过境手续和清关流程繁冗等问题依然制约着"一带一路"沿线国家的旅游发展。因此，应在确保各国国家安全的前提下，积极推动签证便利化，通过改善软性基础设施使"一带一路"倡议更好地推动旅游发展。

（四）"一带一路"旅游合作效果：定量评估

1. 数据来源

在前文分析基础上，我们结合"一带一路"沿线国家的接待入境过夜游客数据和入境旅游收入数据，从政策沟通、设施联通、贸易畅通、资金融通和民心相通角度进一步识别旅游业对于"一带一路"倡议的助推作用。

定量分析所使用的数据来源如下：（1）接待入境过夜游客的人次数据和入境旅游收入数据来自世界旅游组织（UNWTO）数据库，以及世界旅游城市联合会（WTCF）与中国社会科学院旅游研究中心共同发布的《世界旅游经济趋势报告》。（2）对于"一带一路"沿线国家的政策沟通、设施联通、贸易畅通、资金融通和民心相通"五通"方面的衡量基于北京大学海洋研究院编制的《"一带一路"沿线国家五通指数报告》。该指数体系由5个一级指标（即"五通"）、15个二级指标和41个三级指标构成，使用主权国家和国际组织的公开数据进行加权打分以评估"一带一路"沿线国家的"五通"发展状况,且同时提供了总体指标得分和"五通"沿线的分项指标得分。数据的描述性结果如表 5-16 所示。

表 5-16　2017 年"一带一路"沿线国家入境旅游发展和
"五通"发展状况　（单位：千人次，百万美元）

	接待入境过夜游客的人次	入境旅游收入	"五通"总分	政策沟通	设施联通	贸易畅通	资金融通	民心相通
阿尔巴尼亚	4643	5549	62.35	10.94	10.50	12.16	14.39	14.36
阿联酋	16109	2279	46.18	13.46	10.31	8.76	6.81	6.84
阿曼	2372	4678	57.56	10.42	9.14	9.58	15.14	13.28
阿塞拜疆	2454	1109	49.83	11.78	9.55	8.52	11.13	8.85
埃及	8157	1999	52.42	10.78	9.96	8.55	9.73	13.40
爱沙尼亚	3245	1705	61.71	16.11	14.15	8.46	10.72	12.27
巴基斯坦	1088	2791	43.61	11.85	7.72	7.69	10.74	5.61
巴林	4372	3214	50.30	9.83	9.14	8.21	9.75	13.37
白俄罗斯	2000	2886	55.65	14.00	10.14	12.95	9.42	9.14
保加利亚	8883	8890	33.35	14.65	7.67	3.91	3.86	3.26
波黑	923	1587	46.28	7.77	10.15	12.16	8.42	7.78
波兰	18258	712	49.12	9.97	11.65	8.96	10.69	7.85
不丹	255	2952	36.87	9.47	9.37	7.92	5.54	4.57
东帝汶	74	21048	43.49	12.06	8.73	6.55	6.55	9.60
俄罗斯	15757	4023	53.87	11.74	8.55	11.32	12.99	9.27
非律宾	6621	439	64.08	10.83	11.96	15.82	12.01	13.46
格鲁吉亚	4069	3985	46.93	9.38	9.46	7.96	11.23	8.90
哈萨克斯坦	4904	1140	66.36	16.85	16.68	13.25	9.02	10.56
黑山	1877	36664	48.66	14.07	9.30	8.45	7.86	8.98
吉尔吉斯斯坦	4628	2971	35.26	9.29	7.47	5.87	5.36	7.27
柬埔寨	5602	5083	53.68	11.69	9.88	9.48	10.40	12.23
捷克共和国	12611	8636	52.37	11.81	10.10	10.78	7.11	12.57

续表

	接待入境过夜游客的人次	入境旅游收入	"五通"总分	政策沟通	设施联通	贸易畅通	资金融通	民心相通
卡塔尔	2256	31870	35.95	4.70	8.14	5.41	6.46	11.24
科威特	210	371	56.90	11.59	11.03	9.99	12.71	11.58
克罗地亚	15593	259	57.14	9.67	11.91	10.77	11.23	13.56
拉脱维亚	1949	14983	56.97	14.87	9.28	9.78	10.12	12.92
老挝	3257	242	53.25	11.30	12.33	8.96	9.59	11.07
黎巴嫩	1857	2999	44.19	11.38	10.17	8.97	5.01	8.66
立陶宛	2523	8087	52.19	10.96	7.96	11.97	12.24	9.06
罗马尼亚	4299	2049	45.90	9.59	9.23	8.88	9.64	8.56
马尔代夫	1390	8453	75.13	12.39	13.53	18.53	15.73	14.95
马来西亚	25948	127	64.64	12.83	16.30	9.62	13.25	12.64
北马其顿	631	7693	52.18	8.51	8.54	7.89	14.23	13.01
蒙古国	469	2144	50.81	8.52	8.69	9.24	11.36	13.00
孟加拉国	204	643	47.86	9.77	11.35	9.71	7.99	9.04
缅甸	3443	1134	68.49	15.29	15.13	12.00	15.04	11.03
摩尔多瓦	145	7572	35.39	4.71	6.62	7.93	8.66	7.47
尼泊尔	940	1082	62.08	9.67	10.84	13.33	14.25	13.99
塞尔维亚	1497	11128	43.82	7.14	5.53	6.74	11.84	12.57
沙特阿拉伯	16109	480	48.38	10.07	13.72	7.38	5.75	11.46
斯里兰卡	2116	1990	51.55	8.01	12.27	9.54	10.19	11.54
斯洛伐克	6885	8349	43.22	7.95	8.90	8.33	8.27	9.77
斯洛文尼亚	3586	331	46.63	10.40	11.61	9.73	6.48	8.41
塔吉克斯坦	33	15757	55.49	16.14	9.07	10.90	9.31	10.07
泰国	35592	172	53.41	10.92	11.87	10.88	6.43	13.31
土耳其	37601	4994	59.30	12.95	10.35	11.23	12.85	11.92
土库曼斯坦	35	18589	61.24	9.94	10.46	10.07	14.10	16.67
文莱	259	3836	57.86	11.10	12.33	13.09	11.72	9.62
乌克兰	14230	27878	31.61	10.37	5.88	5.83	3.82	5.71
乌兹别克斯坦	2851	62158	43.36	6.94	6.64	8.89	9.27	11.62

续表

	接待入境过夜游客的人次	入境旅游收入	"五通"总分	政策沟通	设施联通	贸易畅通	资金融通	民心相通
新加坡	13903	112	57.10	13.67	14.83	10.14	9.26	9.20
匈牙利	15785	875	52.81	13.63	10.93	11.99	8.36	7.90
叙利亚	5306	462	62.06	12.57	14.79	9.57	14.08	11.05
亚美尼亚	1495	14083	63.89	7.39	10.86	14.70	16.07	14.87
也门	409	14848	61.93	13.19	11.23	9.72	13.75	14.04
伊拉克	808	2995	62.52	7.10	7.57	12.17	17.80	17.88
伊朗	5711	14117	45.32	11.27	8.15	7.92	8.94	9.04
以色列	3613	894	49.22	11.59	11.84	10.60	5.89	9.30
印度	15543	344	62.36	10.34	12.12	11.80	15.44	12.66
印度尼西亚	12948	768	64.19	11.55	13.02	9.82	14.79	15.01
约旦	3844	2719	51.61	13.47	9.10	9.68	8.66	10.70
越南	5925	105	71.01	11.56	14.95	15.79	15.79	12.92

资料来源：根据世界旅游组织（UNWTO）数据库、《世界旅游经济趋势报告》以及《"一带一路"沿线国家五通指数报告》等综合而成。

2. 评估结果

本报告将接待入境过夜游客数据和入境旅游收入数据进行标准化处理，形成一个平均权重的综合得分以衡量"一带一路"沿线国家的旅游业发展，并根据得分结果对国家进行排序。同时，从政策沟通、设施联通、贸易畅通、资金融通、民心相通以及"五通"综合角度，对"一带一路"沿线国家进行排序，并针对旅游业发展助推"一带一路"倡议的不同情况作出如下界定：将旅游得分和"五通"综合或分项得分均位于前50%的"一带一路"沿线国家定义为相互促进型国家，将旅游得分位于前50%、但"五通"综合或分项得分位于后50%的"一带一路"沿线国家定义为旅游突出型国家，将"五通"综合或分项得分位于前50%、但旅游得分位于后50%的"一带一路"沿线国家定义为"五通"突出型国家,将旅游得分和"五通"综合或分项得分均位于后50%的"一带一路"沿线国家定义为双重潜力型国家。在上述排序和分类条件满足某一特征分类的"一带一路"沿线国家中,根据"五通"综合或分项得分由高到低在每一类型中选取3个典型国家。结果如表5-17所示。

表5-17 "一带一路"沿线国家分类:基于旅游业发展与"五通"发展的关系

	"五通"综合	政策沟通	设施联通	贸易畅通	资金融通	民心相通
相互促进型	马尔代夫 马来西亚 印度尼西亚	拉脱维亚 保加利亚 黑山	哈萨克斯坦 马来西亚 沙特阿拉伯	马尔代夫 亚美尼亚 哈萨克斯坦	亚美尼亚 马尔代夫 印度	印度尼西亚 亚美尼亚 阿尔巴尼亚
旅游突出型	乌克兰 保加利亚 斯洛伐克	塞尔维亚 乌兹别克斯坦 卡塔尔	保加利亚 乌兹别克斯坦 乌克兰	乌克兰 卡塔尔 保加利亚	吉尔吉斯斯坦 保加利亚 乌克兰	吉尔吉斯斯坦 乌克兰 保加利亚
"五通"突出型	文莱 尼泊尔 科威特	塔吉克斯坦 爱沙尼亚 文莱	文莱 科威特 叙利亚	菲律宾 科威特 尼泊尔	伊拉克 越南 文莱	伊拉克 土库曼斯坦 也门
双重潜力型	孟加拉国 波黑 不丹	波黑 伊拉克 摩尔多瓦	伊拉克 摩尔多瓦 塞尔维亚	塞尔维亚 东帝汶 吉尔吉斯斯坦	以色列 不丹 黎巴嫩	波黑 摩尔多瓦 不丹

资料来源:笔者整理。

相互促进型国家是指旅游业发展和"一带一路"倡议的"五通"建设均较为理想的国家。对于这种类型的国家而言,旅游业往往具有国际市场的比较优势,对经济发展发挥了支柱作用。借由旅游业的综合带动作用,旅游发展成为引领"五通"建设的切实抓手,并取得了良好效果。从"五通"的综合情况来看,此类型国家的典型代表包括马尔代夫、马来西亚和印度尼西亚等。以马尔代夫为例,旅游业已是该国首要经济支柱,对GDP贡献率常年保持在25%上下。针对这种类型国家的特点，我国应在扩大旅游合作的基础上重视舆论宣传工作，发挥成功案例的名片效应和示范效应，更好地服务于"一带一路"倡议的推广和建设。

旅游突出型国家是指旅游发展较为理想，但"一带一路"倡议的"五通"建设尚有较大潜力可挖掘的国家。对于这些国家而言，旅游业往往也在其国民经济中占据重要地位、取得了良好的发展绩效，但是此类沿线国家对于"一带一路"倡议内涵的了解还有待加强，以利于形成深入参与"一带一路"倡议的社会基础和民意热情，推进更加务实和多元化的共建合作。从"五通"的综合情况来看，这类国家的典型代表包括乌克兰、保加利亚和斯洛伐克等。此类国家基础设施建设已具有一定基础，但与中国的经济和外交联结有待进一步深化，其中以中东欧国家和中亚国家为主。针对此类型国家的特点，我国应在产业互惠和政策宣传方面着力，尝试通过跨境旅游交往取得"五通"新突破。

"五通"突出型国家是指"一带一路"倡议的"五通"建设较为理想，但沿线国家的旅游业发展尚有较大潜力的国家。对于这类国家而言，"一带一路"倡议已经取得的建设成就往往来自政策对接、基础设施完善以及贸易和资金流通等。从"五通"的综合情况来看，这类国家的典型代表包括文莱、尼泊尔和科威特等。从此类国家的分布特征来看，一种情形属于综合国力或旅游市场所能容纳的客流潜力确实有限；另一种情形属于产业结构的比较优势集中于制造业和加工贸易等领域，旅游业未被置于优先发展的产业地位。针对这种类型的国家，我国应稳固并扩大"一带一路"倡议已经取得的共建成果，在此基础上根据沿线国家的具体国情适度发展旅游合作。

双重潜力型国家是指旅游业发展和"一带一路"倡议的"五通"建设在现阶段均未取得突破性进展的国家。这种类型国家面临问题较为复杂，其基础设施、产业结构乃至社会经济环境都面临一定困难。尽管旅游业可能具备突破发展困境的作用，但过于薄弱的市场和产业基础使旅游业对"一带一路"倡议的助推作用无法充分发挥。从"五通"的综合情况来看，这类国家的典型代表包括孟加拉国、波黑和不丹等。从此类国家的分布特征来看，多数为中等收入和低收入经济体，或者在地理位置上位于近年来地缘冲突较为频繁的两河流域等。针对这种类型国家的特点，我国应充分评估开展旅游合作的综合风险，审慎对待旅游产品和服务开发，推进"一带一路"倡议的着眼点应聚焦于维护区域稳定以及体现负责任的大国态度等方面。

六 旅游在"一带一路"倡议中发挥更大作用

(一) 推进"一带一路"倡议全面实施

1. 针对不同类型国家实施差异化策略

总体来看,"一带一路"沿线国家不仅自身存在较大差异,而且与中国的历史渊源、经济往来、文化和旅游交流也各不相同。"一带一路"是一个整体性的合作框架,在初始阶段,其整体构想和机制安排具有重要意义。随着相关工作的推进,在总体合作框架下,未来会进一步考虑各国差异,结合各国的情况以及与中国的旅游关系,开展更有针对性的合作与交流。

(1) 俄罗斯、白俄罗斯和中亚国家

要考虑到这些国家之间特殊的关系以及"欧亚经济联盟"与"一带一路"倡议一定程度上的重合等因素。在影响这些国家旅游资源开发和旅游合作的诸多因素中,中俄关系尤其重要。在国际局势变幻不定、大国关系错综复杂的背景下,中俄关系的发展也不断面临新的形势。近年来,中俄两国互办"旅游年",举办系列交流活动,不仅增进了民众的相互了解和传统友谊,也推动了两国旅游产业的互动、交流与合作。就未来的合作趋势判断,中俄在重大的国际和地区问题上的沟通、协调与合作有望更加顺畅,这是旅游交流与合作的重要条件和保障。

(2) 中东欧国家

中东欧国家数量众多，情况各异。从是否属于欧盟成员、申根区、欧元区等方面来看，就有较大差别，因此在签证、货币兑换等问题上无法等同。从旅游合作角度看，未来可将中东欧国家划分为三个层次，制定有统有分、更具针对性的文化和旅游交流合作战略。第一圈层为维谢格拉德集团（Visegrad Group，匈牙利、捷克、斯洛伐克、波兰四国，在中东欧国家中，这四个国家与中国的双向旅游交流规模名列前茅）。第二圈层为"四亚"国家（罗马尼亚、保加利亚、克罗地亚和塞尔维亚）。第三圈层为波罗的海三国、四个原南斯拉夫加盟共和国及阿尔巴尼亚。

(3) 东南亚国家

东南亚风景秀丽、气候宜人，自然旅游资源十分丰富。人文环境与中华文化保持着一定的同源联系，同时又兼具地缘特色，是中国游客理想的出境旅游目的地。近些年来，东盟国家与中国在"一带一路"大框架下，签署了多份有关旅游和文化的合作文件，并推动建立了中国—东盟旅游合作机制。未来，应以海南自贸港建设等为契机，强化其面向太平洋和印度洋的开放门户作用，带动中国与东南亚国家及"一带一路"沿线地区的旅游合作。

(4) 西亚北非国家

西亚北非国家大致可分为两类。一类是黎巴嫩、伊拉克、叙利亚、也门等国内局势不够稳定的国家。客观而言，短时间内很难在旅游助推"一带一路"方面发挥更大作用。另一类是海湾六国、埃及、约旦、伊朗、以色列等。这些国家的旅游资源和目的地吸引力差异颇大。其中，既有继承了文明古国文化遗产的埃及，也有独具民族和宗教特色的伊朗和以色列，还有沙特阿拉伯等以富庶闻名的石油出产国。随着综合国力和国际影响力的不断提升，中国在西亚北非地区的合作日渐加强。中国与西亚北非地区国家间的旅游合作渠道将更加通畅。

2. 加强综合协调和宣传引导

在综合协调方面，要加强对相关主体和领域工作的整合。建议外交部、文化和旅游部等部门加强联系，强化驻外使领馆对中方机构在沿线国家各类推广活动的综合协调和专业指导。中国海外文化中心、文化和旅游部驻外办事处、外交部相关部门等加强联系，将文化活动、人文交流与旅游目的地营销推广紧密结合；加强对地方各省市在"一带一路"沿线国家推广活动的管理，建立相应的信息报送机制；加强对各类商会、协会、联合会等机构的引导。

在宣传引导方面，要优化宣传内容和宣传方式，整合宣传渠道。建议"一带一路"建设工作领导小组会同中宣部、外交部、文化和旅游部、商务部、国家发改委等部门制作并定期更新"一带一路"宣传材料，对其内涵、目的、进展、意义等进行科学、全面、权威的介绍，并以新媒体、微视频、纪录片、电视专题节目等方式加以广泛宣传。要充分调动旅游者、旅行社、旅游企业以及中国驻外机构、中资企业、各种出访团的积极性，使其成为"一带一路"的播种机、宣传队。要将"一带一路"相关内容融入旅游宣传、对外文化交流活动、商贸往来、中国企业"走出去"等各项工作之中。

3. 不断拓展合作领域和合作方式

随着"一带一路"倡议的推进实施，要根据沿线各国的具体情况，不断拓展合作领域，创新合作方式。

以中蒙俄三国为例，要将"一带一路"倡议与俄罗斯远东开发计划、蒙古国"矿业兴国"计划和中国的振兴东北老工业基地计划及西部大开发相对接，把俄罗斯和蒙古国的资源优势与中国丰富的产能优势、生产力相结合，把三方合作潜力转化成为现实的发展成果。要加快连接中蒙俄的国际运输通道、天然气管道等基础设施建设；加强在资源开采、制造业、金融等领域的对接与合作；消除在行业标准、海关体制等方面的障碍，建立更为便利和高效的海关通关以及贸易机制，拓宽贸易合作领域。同时，要创新合作方式：可借助工业园区和产业聚集区建设，提高直接投资，并进一步完善基础设施和相关配套产业，有效带动地方就业；积极利用丝路基金或亚投行机制的低息贷款。通过国家主权财富基金、政府共同出资和私营企业等多种社会资本联合投入，实现收益共享、风险共担，激活各方资源参与建设。

4. 加强智库建设和人才培养

"一带一路"涉及国家众多，国情差别巨大，要充分利用高等院校、科研单位的力量加强研究、组织交流、开展合作、培养人才。充分发挥"一带一路"智库合作联盟的作用，凝聚国内外各方力量，围绕"一带一路"建设开展政策性、前瞻性研究，为中国及沿线国家政府建言献策。同时，以智库交往带动人文交流，通过中外智库共同发布联合研究报告等方式，增进"一带一路"沿线民众对倡议的准确理解，增进民众之间的友好感情，为"一带一路"建设营造良好的舆论氛围，打造坚实的社会民意基础。中国社会科学院、中国旅游研究院等机构可积极组织开展"一带一路"旅游研究论坛、大型专题研究等。中国旅游协会旅游教育分会等机构也可发挥重要作用。

各地高校要充分利用既有基础和独特优势，重点选择某一区域长期精耕细作。其中新疆地区高校、东北地区高校、西南和华南地区高校可利用邻近中亚、俄罗斯和东南亚的地缘优势，分别以上述某一区域或某一两个国家为合作重点。其他一些在某一区域研究领域形成品牌和影响（如浙江师范大学的非洲研究）或有较好合作基础（如宁波大学与欧洲旅游院校的合作）

的高校，可进一步凝练特色，将已有合作向纵深推进。中蒙俄东北亚旅游商务合作学院于2017年在内蒙古阿尔山建立，作为中蒙俄三国首家联合大学，其为培养三国人才、打造国际合作新平台提供了创新方式。未来要充分借鉴其经验，通过合作办学，实现优质教学资源共享，从而培养拥有更高旅游服务和管理能力以及创新能力的人才。相关院校可通过学生交换、教师交流、课程合作、学分互认、双向留学、涉外办学等多种形式开展"一带一路"教育交流与合作。重点推进国别与区域研究、比较研究、跨国跨区域合作研究和专项研究。培养精通"一带一路"沿线国家语言和文化的复合型人才。

（二）进一步推动旅游领域的合作与交流

1. 构建"一带一路"旅游合作体系

"一带一路"框架下的旅游交流与合作，需以谋求旅游共同繁荣为宗旨，不断加强合作观念、协作平台、协作网络、协作机制和利益共享等方面的建设，逐步形成"一带一路"旅游合作体系（见图6-1）。

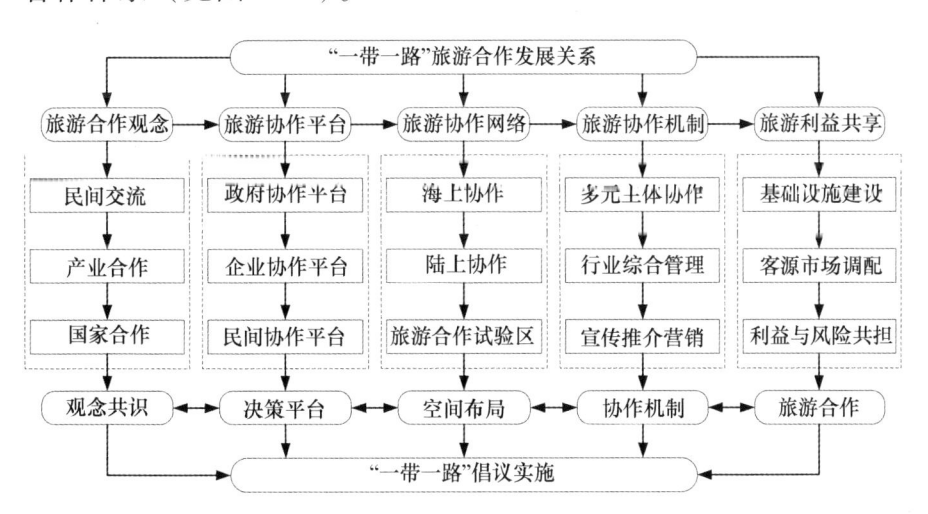

图6-1 "一带一路"旅游合作体系

一是推动旅游合作观念的建构。在旅游合作观念上取得共识是推进"一带一路"旅游合作的前提。由于中国与"一带一路"沿线各国发展水平、发展诉求不尽相同，旅游合作观念存在一定差异。旅游合作发展观念可从产业交流、两地民意塑造和政府对话等形式入手。民意观念是基础，产业观念是重点，国家观念是核心，三者共同为"一带一路"发展提供重要支撑。

二是建立多元化的旅游协作平台。完善、有序的旅游合作平台有助于促进合作秩序的形成、分工职责的明确、相关利益的分配。要形成官方合作平台、行业合作平台、民间合作平台分工明确且相互配合的格局。要系统梳理不同区域的政府合作机制，完善现有的旅游部长会议制度，在部分区域和层面设立以旅游合作发展为主题的旅游联席会议制度。在实现服务信息交换和优势资源互补上，企业协作平台是重要渠道。旅游企业作为旅游合作发展重要的参与主体，在资源互补、价值共创、形象共建、人员互送和信息共享等方面发挥着至关重要的作用。在政府及企业协作平台之外，民间协作平台也是旅游合作发展的有力补充。民间组织关心社会公共利益，具有志愿性和非营利性等显著特点，要发挥各类民间友好协会、华人社团、旅游协会等的作用。

三是完善城市旅游协作网络。在空间布局上完善旅游合作发展，应以旅游中心城市为枢纽，紧密围绕陆海旅游城市联结，构建以港口城市支点与内陆城市节点形成的两地旅游协作网络。

四是完善旅游协作机制。要明确和落实多元主体协作机制，实现政府主导、企业参与、民间支持和游客推动。政府间推动旅游长远发展规划、地区风险管理、产业政策和应急协作机制建设，旅游企业间加强人才培养、客源互送和资金保障机制建设，民间则着重解决资源共享和信息对接机制等。

五是实现旅游合作利益共享，同时注重把控风险。从风险监测、风险预防、应急管理和风险评价等不同方面加强风险共担,为合作利益的共建共享提供更为坚实的保障条件。

2. 联合申遗并塑造整体旅游品牌

(1) 联合申请世界遗产

在已有基础上,持续推动"丝绸之路"后续申遗工作,吸纳"一带"沿线国家越来越多的遗产加入;将"一路"沿线国家的遗产增补成为世界遗产,尤其是要将乌兹别克斯坦、塔吉克斯坦以及土库曼斯坦的相关遗产增补进丝绸之路世界遗产的名录之中。充分利用"泉州:宋元中国的海洋商贸中心"被列入世界遗产名录的契机,将福州、广州、厦门、印度洋、东盟和中东等诸多港口城市遗产联合起来,共同策划,共同开发,共同推广,从而形成完整的丝绸之路遗产廊道。国际大通道和重点枢纽港口将成为这一廊道在陆海两条线上的重要依托。要以沿线主要旅游景区、旅游枢纽城市以及世界文化遗产为核心节点,着力打造一批"一带一路"国际旅游港和跨境旅游合作区。除中蒙俄旅游合作走廊、新亚欧大陆桥旅游合作走廊、中国—中南半岛旅游合作走廊、中国—中亚—西亚旅游合作走廊、孟中印缅国际旅游合作走廊、中巴旅游合作走廊以外,将重要节点以及旅游城市连接起来,形成空中和海上走廊等合作骨架网络。

(2) 塑造"一带一路"整体旅游品牌

联合世界旅游组织等国际机构和沿线国家,积极推动"一带一路"沿线国家联合塑造和推广丝绸之路国际品牌,打造国际通用的品牌、标志与形象;通过旅游目的地网站、搜索引擎和组织渠道的优化来增加该品牌的线上推广;采取合作方式在各大旅游交易会推广该品牌;开发主题产品,打造佛教丝绸之路、草原丝绸之路、香料之路、沙漠丝绸之路、琥珀之路和茶马古道等;做好海上丝绸之路相关的标志物建设,包括船(帆船)、港口城市、航海记录、货物(香料、丝绸、陶瓷)、文化和宗教等。

3. 选择重点领域和重点区域推进,并以跨境旅游合作为突破点

(1) 实施重点突破

"一带一路"旅游合作涉及范围很广,应考虑基础性、重要性、紧迫性等因素,选择重点合作地区,实施重点领域突破。

在重点领域方面,要加强旅游签证、区域协调机制、边防边检、关税、口岸建设、质检、旅游投资和旅游线路共建等多方面的政策衔接与沟通。例如,开通旅游包机,增加直航航班和城市,开设旅游专列等措施,最大化便利游客的出行;改善旅游港口和口岸的通关基础设施条件,加快口岸"一地两检"以及"单一窗口"建设;以条件成熟的港口城市和边境口岸城市开放为突破口,重点建设国际旅游港和跨境旅游合作区。在重点区域方面,广西作为21世纪海上丝绸之路与丝绸之路经济带有机衔接重要门户以及与东盟合作重要桥梁,新亚欧大陆桥、中蒙俄、中国—中亚—西亚、中国—中南半岛等国际经济合作走廊中的重要节点,沿海城市港口建设,以及沿线各国游客签证便利化水平等应成为近期突破重点。此外,全国有100多个边境县,很多都处在"一带一路"范围内,要把沿边旅游开发开放作为"一带一路"旅游发展的重要突破口。

(2) 重点推进跨境旅游合作

沿边地区作为"一带一路"的前沿地区,可在推进跨境合作区建设方面实现突破。为此,可从以下几方面着手。

一是在国家层面进行统筹规划,进一步明确跨境旅游合作区优先建设顺序,选取条件相对成熟的边境开展试点,摸索一定经验后再考虑在"一带一路"沿线国家和地区推广。

二是在黑龙江、新疆、云南、内蒙古等省或自治区的港口和边境城市与对华友好的中亚、东南亚邻国共同创建跨境旅游

合作区。

三是建立"一带一路"框架下中国与沿线国家和地区跨境旅游合作建设组织机构，设立由双边、多边相关部门联合参与领导小组，定期举行协商会晤，商讨合作区建设中的重大和疑难问题，并在协商会晤基础上授权地方，由双方边境地方政府共同组建跨境旅游合作区管理机构，细化落实合作区的日常管理和经营开发工作，从而推动"一带一路"沿线国家跨境旅游合作区在规划、建设和管理上的协同。

四是鼓励本地和外来企业积极参与跨境旅游合作区的建设工作，加快主题公园、旅游综合体、休闲街区、旅游度假区以及购物场所等开发，面向中等消费水平游客提供友好的餐饮、酒店及娱乐等旅游服务，营造更为舒适和便利的目的地环境。

五是以"一区一策"方式支持跨境旅游合作区的政策创新，出台更具操作性、更为精细的政策，加大包括在旅游基础设施以及跨境线路产品打造、区内免税、市场主体培育、人才培养交流、自驾车审批和公共服务体系建设等在内的重点领域政策支持，制定具有吸引力的金融、财税、投融资以及土地等激励政策。

4. 完善旅游合作机制并发挥国际平台的作用

（1）完善旅游合作机制

一是在重点区域建立专门的旅游合作机构。例如，建立"中蒙俄跨境旅游协调发展委员会"来总体引导和推进中蒙俄跨境旅游合作。同时，建立文化和旅游部长会议等定期会晤机制，共同协商合作事宜，解决现实中存在的具体困难和问题。

二是在现有"一对多"的基础上，逐步建立更有针对性的旅游交流合作机制。以中东欧为例，在现有"16+1"旅游合作机制下，建议将其进一步细分为三个圈层，并制定专门化的旅游合作策略，建立针对性的合作机制。建议文化和旅游部等有关部门对这些国家进行深入研究，制定有差别的文化和旅游交流合作策略。

三是建立信息与资源共享机制。在"一带一路"旅游合作中，各国由于地理因素、经济发展水平和文化水平等多方面的差异，旅游资源分布不够均衡，信息传递也仍存在着障碍，信息不对称也导致了政府间共同决策严重受阻。按照合作、共融和共享的新发展理念，需要进一步建立国与国之间信息传导及资源共享机制，整合与保护开发区域内旅游资源，并通过创建旅游资源信息在线网站，提升区域间旅游产业链上下游的合作与对接，最终形成优势资源的共建共享体系。

四是加强旅游市场管理。在可能的情况下成立跨国境的旅游市场监督机构。以中蒙俄为例，可探索成立"中蒙俄旅游业监督管理委员会"，由政府部门、行业协会、企业代表等共同组成，负责引导制定区域内行业标准、服务规范，集中处理旅游投诉等问题。探索利用大数据等新技术手段，建立涵盖旅游服务全流程，集信息记录、服务反馈、统计监测、信用评价等功能为一体的旅游监管服务平台。积极运用线下、线上多种平台，形成便捷、高效和畅通的旅游举报投诉受理、处置和反馈机制，同时进一步加强信用监督体系建设。

（2）充分发挥国际合作平台等的作用

围绕丝绸之路相关事宜，诸多国际组织做出了积极努力。联合国世界旅游组织和联合国教科文组织在丝绸之路旅游项目上合作紧密，支持遗产管理、文化间对话以及可持续发展；世界旅游组织的合作伙伴——联合国贸易与发展会议，把丝绸之路旅游业作为区域合作与可持续发展的驱动工具，还出版了诸多丝绸之路发展文献；丝绸之路旅游发展活动方案的成员国代表共同组建了丝绸之路旅游业发展特别工作小组。建议重点加强与这些机构的合作，同时充分利用上合组织、金砖国家机制、中国与东盟"10+3"等机制，全面构建"一带一路"倡议下的双边、多边和区域合作框架体系，并加快商贸、旅游等方面规则的制定和落实。同时要进一步发挥世界旅游联盟、世界旅游城市联合会、国际山地联盟、中国旅游协会等国际组织和行业协会的作用，调动文化名人和相关企业的积极性，一同助力中国与"一带一路"沿线国家和地区的旅游和文化交流合作。

5. 推进基础设施建设、旅游便利化与安全管理

（1）推进基础设施建设

在"一带一路"建设过程中，基础设施的互联互通是优先领域。在亚洲基础设施投资银行支持下，建设"陆上丝绸之路"高铁工程，解决现代铁路网络与传统丝绸之路错位的问题；对第二欧亚大陆桥进行完善，将欧亚大陆桥南线设为未来建设重点；推动丝绸之路枢纽城市的体系构建，如兰州、西安、塔什干、阿拉木图、乌鲁木齐、阿什哈巴德、比什凯克和杜尚别等，构建"高铁+机场+自驾车+高速公路"的通达网络；整合沿线国家和区域的旅游资源，构建涵盖高铁、飞机、旅游租车、自行车、步行道和公共车辆等的交通网络体系。

（2）提升旅游便利化程度

积极推进"一带一路"沿线国家间的交通、签证以及支付等方面的便利化政策制定，进一步放宽相互间签证条件，推动更多国家与中国之间落地签或签证互免政策落实；推动航权进一步开放，不断开拓低成本的国际航线；推进跨境公路、铁路建设，开发新的跨境自驾车线路；推动银联卡、人民币、支付宝和微信等支付方式便捷地在"一带一路"沿线国家使用。

（3）加强安全管理

一是实施政府层面的综合安全保障工程，形成以领事保护与协助为核心的公共安全保障要素结构。具体包括：在领事保护上，依托我国领事保护的法律法规，建立和强化包括安全信息共享、安全监测预警、领事保护、境外安全救援、境外安全

善后、境外法律援助等领事保护与协助服务，并逐步丰富领事保护的内容，建立起境外救助费用个人合理分担机制，并推动该服务面向"一带一路"沿线国家全面覆盖；在响应机制上，逐步形成外交部门、应急管理部门、文化和旅游部门等多部门联合行动的安全保障机制，形成以事前安全教育和风险预警、事中领事保护与综合应急、事后恢复与善后处置等为核心的多阶段应急管理机制；在建设安排上，可推动亚投行、"丝路基金"等对"一带一路"安全基础设施的建设、维护和升级，对安全设施类的技术开发与应用项目给予重点支持。

二是推动旅游安全保障的市场化，强化企业层面的主体安全保障，培育世界级的旅游安全资源企业。相关工作包括：强化旅游商业安全资源的建设、推动市场化安全保障能力的形成。其中，旅游要素企业的基础安全能力建设、保险公司的保险产品建设和旅行援助公司的援助服务能力建设是重点和关键任务。形成以旅行社为核心的旅游行程安全保障服务能力，从"一带一路"旅游线路优化设计、供应商安全审核、游客安全行为引导、从业人员安全训练等基础层面强化要素企业的安全服务能力。推动形成竞争充分的旅游保险市场，鼓励保险企业面向"一带一路"旅游线定制保险产品和服务，要做好中外保险体系的有效衔接。

三是推动多层次的"一带一路"沿线国家和区域间旅游安全合作工程，打造旅游安全保障领域的命运共同体。旅游安全合作不仅涉及政府层面公共安全合作，也涉及企业业务安全合作及民间公益安全合作。这也是在"一带一路"沿线国家实现旅游安全保障资源分布网络化、专业化和系统化的基础。

6. 引导中国旅游企业理性对外投资

一是要依托出境游市场发展跨国旅游企业。旅游企业跨国经营格局与本国公民出境旅游地区格局相吻合，是一种合理的发展方式。目前，我国旅游企业跨国经营的投资扩张区位主要是在欧美地区，而"一带一路"的重点区域相对较少，未来可引导更多企业向这方面发展。二是加大旅游企业的国际化合作。探索境外大企业、大公司以合资、合作、租赁、托管等形式参与景区建设或以特许经营的方式参与经营管理，鼓励中国旅游企业参与沿线国家旅游投资和运营。三是以金融政策支持旅游企业"走出去"。依托中国—东盟银行联合体、上合组织银行联合体，以银行贷款、授信等方式开展多边旅游金融合作；支持"一带一路"沿线国家政府以及信用等级较高的金融机构与企业在我国境内开展人民币债券发行，用于定向扶持旅游企业或按一定比例投入旅游；建立专项丝路旅游基金，引导商业性股权投资基金和社会资金共同参与旅游企业资本运作；扩大双边本币互换、结算的范围和规模，为旅游资本的引进和输出提供便利。四是积极引导中国旅游企业把握投资机遇，合理控制和规避"一带一路"沿线国家旅游投资的风险。对目的地国潜在消费能力与旅游经济规模深入分析，充分考虑其投资环境的异质性，借鉴对外旅游投资以往教训与经验，基于全面市场调研充分发挥和调动企业能力和资源。对外旅游投资要明确定位，在进入模式和国别区位等方面进行深入判别选择。在进入模式上，从东道国国情和企业投资动机出发，选择非股权投资或股权投资，如在东南亚投资在线旅游、经济型饭店可采用股权投资以获取利润最大化；而在中亚、西亚或者中东欧则可以采用管理合约、特许经营等非股权投资来最大化降低投资风险。在国别区位上，东南亚的马来西亚、新加坡和泰国等国家经济发展水平相对较高，旅游经济规模也较庞大，且文化亲缘度高、华人华侨比例高，可作为对外旅游投资的重点对象。除此之外，西亚的阿联酋、南亚的印度、独联体的俄罗斯，他们或是具有投资集聚和辐射效应，或是人口基数和经济增长具有比较优势，或是拥有较强的消费能力，因此也都值得投资关注。五是有关部门要加强我国企业对外旅游投资的服务和引导,通过投资指南、信息服务系统等多种渠道,为对外投资企业提供有力、有效的指导;加强对外旅游投资培训,特别是人员、政策以及投资环境等各方面针对性和可操作性的培训,提升中国企业对外旅游投资能力;鼓励商会、协会和咨询机构加强对境外市场信息、投资环境以及产业发展趋势的研判,通过发布各类发展和研究报告,为行业对外投资提供有益参考;对可供中方企业跨境投资的标的进行整合,建立信息交流平台,并进一步增强对外投资企业捕捉境外标的的能力;引导企业基于国别状况和投资诉求的异质性慎重选择相匹配的投资模式;要对"一带一路"沿线国家投资安全指数、旅游投资机遇和投资风险因素等进行综合考虑,对重点投资的领域、国家以及投资方式做差异化设计。

表6-1　　"一带一路"沿线重点投资的国家、领域和方式

	重点投资国家	重点投资领域	建议投资方式
东亚	蒙古国	酒店、旅行社、餐饮、跨境电商	股权投资、新建投资、许可经营
东南亚	泰国、柬埔寨、新加坡	酒店、度假区、餐饮、高尔夫球场、旅行社、医疗健康、会展中心	股权投资、新建投资、PPP投资
南亚	尼泊尔、巴基斯坦、斯里兰卡	酒店、度假区、餐饮、旅行社	股权投资、新建投资、PPP投资
西亚	阿联酋、沙特阿拉伯、也门、约旦、以色列	医疗健康、酒店、餐饮、旅行社	股权投资、许可经营
北非	埃及	旅行社、酒店、餐饮	股权投资、许可经营
欧洲	希腊、塞浦路斯	旅行社、酒店、餐饮	股权投资、许可经营
中东欧	波黑、克罗地亚、爱沙尼亚、匈牙利、斯洛伐克、立陶宛、波兰、北马其顿、拉脱维亚、斯洛文尼亚	旅行社、酒店、餐饮	股权投资、许可经营

续表

	重点投资国家	重点投资领域	建议投资方式
中亚	格鲁吉亚、土库曼斯坦、乌兹别克斯坦、吉尔吉斯斯坦	旅行社、酒店、餐饮	股权投资、许可经营
独联体	白俄罗斯、俄罗斯、亚美尼亚、阿塞拜疆	旅行社、酒店、餐饮	股权投资、许可经营

资料来源：计金标、梁昊光主编：《"一带一路"投资安全蓝皮书：中国"一带一路"投资安全研究报告（2018）》，社会科学文献出版社2018年版。

7. 拓展沿线国家来华旅游市场

为改变来华旅游市场规模小、增长慢的状况，建议加强以服务国家外交大局、增强国家文化软实力为指向，推进对外文化与旅游工作的全面融合；整合原国家旅游局驻外旅游办事处和原文化部海外中国文化中心等对外机构的力量，对重大文化和旅游活动进行统一管理、实施；进一步丰富"欢乐春节"的内容，并与旅游活动、旅游项目、目的地营销等紧密结合，同时打造系列具有国际影响力的文化活动，吸引入境旅游者，通过旅游传播中国文化、体现中国软实力。

除传统媒体外，要积极运用新媒体、微视频、纪录片、电视专题节目等方式。在具体的旅游营销中，要充分调动和发挥旅游者、旅行社、旅游企业以及中国驻外机构、中资企业、各种出访团的积极性。要将"一带一路"倡议的宣传更广泛地融入旅游宣传、对外文化交流活动、商贸往来、中国企业"走出去"等各项工作之中。以中东欧为例，目前我国已建立"中国—中东欧国家合作"网站，但是目前尚没有与文化和旅游相关的内容，未来应融入其中。与此同时，旅游行政管理部门、旅游营销机构、旅行社等都要充分重视微博、微信、微论坛等在旅游宣传推广中的应用。

8. 引导国民文明旅游

丝绸之路沿线国家宗教文化、民族风俗等与我国存在较大差异，因此在接待入境游客或出访相关国家时，要引导民众礼貌接待、文明旅游。尤其是在中国出境游客人数过亿、引起世界广泛关注的情况下，引导公民文明出游，既是中国国民精神面貌与形象的展示，也是中国公共外交与文化外交的重要途径。"亲仁善邻""和而不同"是中华文化的核心理念，"己所不欲，勿施于人"是中国人的传统美德。要引导出境旅游的国人充分尊重目的地国的习俗、文化、法律、道德、礼节等，展示文明古国和经济大国的国民风范。在这方面，一是要广泛树立"出国你就是中国形象大使"的观念，加强对国外风俗、礼仪等的宣传，引导国人文明出境旅游；二是持续推广《中国公民出国（境）旅游文明行为指南》；三是出入境部门、旅游部门和海关、边检部门等协同努力，把文明旅游教育引导列为不可或缺的业务流程，把文明旅游宣传常态化渗透到旅游全环节。

9. 加强相关研究并推进信息化建设

"一带一路"是个系统工程，涉及主体众多、领域广泛、问题复杂，加强各领域的相关研究以及政策储备极为重要。就旅游领域而言，一些问题仍有待深入研究。例如，沿线尤其是重要节点国家、地区的旅游、贸易和投资政策、法规、规划；沿线国家之间以及对外旅游需求和投资状况；各国之间旅游相关战略、政策、基础设施、公共服务等的对接性；双边、多边旅游合作的现状、制约、重点领域、主要方式；国际国内合作、协调机制与其他相关机制的兼容性；"一带一路"旅游发展的综合影响评估与风险防范；涉旅项目及其资金需求、来源及可能的合作模式等。

目前我国已建立"中国—中东欧国家合作"网站，其中外交、政治等方面信息占据主体，旅游方面的资讯较少。旅游行政管理部门暂未有官方旅游宣传网站专门服务于中东欧国家游客。在中东欧国家中，提供中文官方旅游宣传网站的也仅有捷克一家。为此，建议旅游行政管理部门、旅游营销机构、旅行社等加强旅游信息化建设，同时充分利用微博、微信、微论坛等开展旅游宣传推广。

参考文献

中文文献

（一）专著

国家发展和改革委员会、外交部、商务部编：《推动共建丝绸之路经济带和 21 世纪海上丝绸之路的愿景与行动》，人民出版社 2015 年版。

计金标、梁昊光主编：《"一带一路"投资安全蓝皮书：中国"一带一路"投资安全研究报告（2018）》，社会科学文献出版社 2018 年版。

刘卫东、田锦尘、欧晓理等：《"一带一路"战略研究》，商务印书馆 2017 年版。

刘瑞超：《"一带一路"手册》，中国社会科学出版社 2018 年版。

熊灵、谭秀杰：《"一带一路"建设：中国与周边地区的经贸合作研究》，社会科学文献出版社 2017 年版。

（二）期刊论文

安树伟：《"一带一路"对我国区域经济发展的影响及格局重塑》，《经济问题》2015 年第 4 期。

蔡东方：《"一带一路"沿线国家 PPP 中的溢出效应检验》，《工业技术经济》2019 年第 5 期。

蔡昉：《从中等收入陷阱到门槛效应》，《经济学动态》2019 年第 11 期。

蔡昉:《二元经济作为一个发展阶段的形成过程》,《经济研究》2015 年第 7 期。

蔡昉:《金德尔伯格陷阱还是伊斯特利悲剧?——全球公共品及其提供方式和中国方案》,《世界经济与政治》2017 年第 10 期。

蔡昉:《理解中国经济发展的过去、现在和将来——基于一个贯通的增长理论框架》,《经济研究》2013 年第 11 期。

蔡昉:《全球五分之一人口的贡献——中国经济发展的世界意义》,《世界经济与政治》2019 年第 6 期。

蔡昉、王德文、曲玥:《中国产业升级的大国雁阵模型分析》,《经济研究》2009 年第 9 期。

陈炳福:《"数字丝绸之路"信息基础设施建设研究》,《国防科技工业》2020 年第 3 期。

陈海燕:《"一带一路"战略实施与新型国际化人才培养》,《中国高教研究》2017 年第 6 期。

陈俊安、蔡小松:《西部地区旅游发展战略与前景》,《旅游纵览(下半月)》2015 年第 5 期。

陈梦、耿思雨、乌兰:《酒店业借"一带一路"契机投资路径分析——以泰国和俄罗斯为例》,《中国市场》2016 年第 50 期。

陈庭翰、王浩:《美国"逆全球化战略"的缘起与中国"一带一路"的应对》,《新疆社会科学》2019 年第 6 期。

陈伟光、郭晴:《中国对"一带一路"沿线国家投资的潜力估计与区位选择》,《宏观经济研究》2016 年第 9 期。

陈文江、周亚平:《西部问题与"东部主义"——一种基于"依附理论"的分析视角》,《北京工业大学学报》(社会科学版)2010 年第 2 期。

陈胤默、孙乾坤、张晓瑜:《孔子学院促进中国企业对外直接投资吗——基于"一带一路"沿线国家面板数据的分析》,《国际贸易问题》2017年第8期。

程永林、黄亮雄：《霸权衰退、公共品供给与全球经济治理》，《世界经济与政治》2018年第5期。

崔娜、柳春：《"一带一路"沿线国家制度环境对中国出口效率的影响》，《世界经济研究》2017年第8期。

戴旻乐：《进出口贸易对就业的影响分析》，《中国统计》2013年第4期。

董志凯、吴江：《我国三次西部开发的回顾与思考》，《当代中国史研究》2000年第4期。

杜志雄、宋瑞：《"一带一路"倡议与我国城市旅游经济发展——以嘉峪关市为例》，《甘肃社会科学》2018年第3期。

段秀芳、殷祺昊：《"一带一路"沿线国家投资便利化：水平、挑战与对策——基于熵值法的测度分析》，《新疆财经》2020年第2期。

方齐云、张思滢：《"一带一路"沿线国家的通信设施、金融发展与我国对外投资》，《武汉金融》2020年第4期。

冯珺、宋瑞：《新冠肺炎疫情对我国旅游业的影响：评估与建议》，《财经智库》2020年第2期。

高文书：《"一带一路"建设与中国人力资源国际化》，《广东社会科学》2018年第6期。

耿思雨、乌兰、陈梦：《酒店业如何借"一带一路"东风在哈俄两国淘金》，《现代商业》2016年第25期。

谷媛媛、邱斌：《来华留学教育与中国对外直接投资——基于"一带一路"沿线国家数据的实证研究》，《国际贸易问题》2017年第4期。

谷媛媛、邱斌：《中国留学教育能否减少生源国人口贫困——基于"一带一路"沿线国家的实证研究》，《教育研究》2019年第11期。

郭鹏、董锁成、李泽红、李宇、程昊、袁靓：《丝绸之路经济带旅游业格局与国际旅游合作模式研究》,《资源科学》2014 年第 12 期。

郭烨、许陈生:《双边高层会晤与中国在"一带一路"沿线国家的直接投资》,《国际贸易问题》2016 年第 2 期。

韩民春、江聪聪:《政治风险、文化距离和双边关系对中国对外直接投资的影响——基于"一带一路"沿线主要国家的研究》,《贵州财经大学学报》2017 年第 2 期。

韩元军:《基于"一带一路"构建全球旅游治理新秩序》,《旅游学刊》2017 年第 5 期。

何芙蓉、胡北明:《"一带一路"倡议对我国沿线省份旅游高质量发展影响效应评估——基于 DID 模型的实证分析》,《经济体制改革》2020 年第 3 期。

何星亮:《"一带一路"建设与人类命运共同体》,《中南民族大学学报》(人文社会科学版)2018 年第 4 期。

胡抚生:《"一带一路"倡议背景下跨境旅游合作区建设的思考》,《旅游学刊》2017 年第 5 期。

胡焕庸:《中国人口之分布——附统计表与密度图》,《地理学报》1935 年第 2 期。

胡玫、郑伟:《中国与"一带一路"国家贸易竞争性与互补性分析》,《经济问题》2019 年第 2 期。

胡再勇、付韶军、张璐超:《"一带一路"沿线国家基础设施的国际贸易效应研究》,《数量经济技术经济研究》2019 年第 2 期。

华红娟:《中国与中东欧国家产业深度合作的实现路径研究》,《区域经济评论》2020 年第 5 期。

华红娟、张海燕:《"一带一路"框架下中国与中东欧国家"精准合作"研究》,《国际经济合作》2018 年第 2 期。

华欣、常继莹:《中国与"一带一路"国家贸易发展潜力分析——基于扩展引力模型的实证检验》,《天津商业大学学报》

2019 年第 3 期。

黄卫平：《新丝绸之路经济带与中欧经贸格局新发展——兼论跨亚欧高铁的战略价值》，《中国流通经济》2015 年第 1 期。

贾妮莎、雷宏振：《中国 OFDI 与"一带一路"沿线国家产业升级——影响机制与实证检验》，《经济科学》2019 年第 1 期。

健君：《西部大开发要有突破口》，《瞭望》2010 年第 27 期。

蒋宇宁、王雅莉：《"一带一路"倡议下中国与中亚地区贸易合作的竞争性与互补性研究》，《内蒙古社会科学》（汉文版）2018 年第 5 期。

孔寒冰：《"16 + 1"国家的差异性与"精准"的经贸合作》，《世界知识》2017 年第 1 期。

李波、刘君斌：《资源市场转向旅游枢纽——以"一带一路"旅游投资为例》，《中国产经》2020 年第 21 期。

李丹、崔日明：《"一带一路"战略与全球经贸格局重构》，《经济学家》2015 年第 8 期。

李锋：《"一带一路"沿线国家的投资风险与应对策略》，《中国流通经济》2016 年第 2 期。

李金叶、李春莹：《境外经贸合作区对"一带一路"沿线国家的经济效益研究》，《商业经济研究》2020 年第 2 期。

李亮、马树才：《中国与南亚地区贸易竞争性与互补性实证研究》，《价格月刊》2020 年第 4 期。

李蔚：《中蒙俄经济走廊建设中内蒙古发展的现状分析》，《内蒙古统计》2020 年第 2 期。

李英福：《"一带一路"倡议下国际化人才建设研究》，《牡丹江师范学院学报》（社会科学版）2019 年第 6 期。

厉新建、崔莉：《中国旅游企业跨国（境）经营潜力区位研究》，《旅游学刊》2013 年第 8 期。

厉新建、宋昌耀、马蕾：《基于省际视角的中国对外旅游投资企业分布特征与影响因素分析》，《商业经济研究》2015 年第

28期。

梁琦、蔡建刚：《"一带一路"与我国区域旅游空间布局优化》，《吉首大学学报》（社会科学版）2018年第3期。

廖萌：《"一带一路"建设背景下我国企业"走出去"的机遇与挑战》，《经济纵横》2015年第9期。

林晶：《我国OFDI对"一带一路"沿线国家的就业效应》，《中国经贸导刊（中）》2020年第1期。

林毅夫：《发展战略、自生能力和经济收敛》，《经济学（季刊）》2002年第1期。

林毅夫：《新结构经济学、自生能力与新的理论见解》，《武汉大学学报》（哲学社会科学版）2017年第6期。

刘斐、姜辰蓉、程群：《"一带一路"为地区国家带来就业增加民生改善》，《中国产经》2015年第8期。

刘红梅、滕金凌：《"一带一路"背景下的中非旅游合作》，《中国海洋大学学报》（社会科学版）2019年第6期。

刘华芹：《积极实施"走出去"战略助推"一带一路"建设》，《国际商务财会》2015年第2期。

刘卫东：《"一带一路"：引领包容性全球化》，《中国科学院院刊》2017年第4期。

刘作奎：《大变局下的"中国—中东欧国家合作"》，《国际问题研究》2020年第2期。

刘作奎：《中国—中东欧国家合作的发展历程与前景》，《当代世界》2020年第4期。

龙冠成、吴宝宏：《"一带一路"背景下企业对外投资风险分析与防范——以旅游行业为例》，《中国商论》2020年第10期。

卢潇潇、梁颖：《"一带一路"基础设施建设与全球价值链重构》，《中国经济问题》2020年第1期。

罗湖平、王良健：《我国区域城市化水平差距的动态测度研究》，《湖北农业科学》2011年第7期。

罗琼、臧学英：《"一带一路"背景下中国与中东欧国家多元合作问题》，《国际经济合作》2017年第9期。

马聪玲：《探索"一带一路"旅游合作的实施路径》，《中国发展观察》2017年第3期。

马骁：《中央企业国际化人才队伍建设的对策》，《中国领导科学》2018年第6期。

马亚妮、王晨、薛培芹：《新丝绸之路经济带旅游业发展对经济影响的实证研究——基于陕西省数据的模型检验》，《企业导报》2014年第13期。

穆正礼、罗红玲、蓝玉茜、魏珮玲：《"一带一路"背景下的人才需求及人才培养模式——基于中国—中东欧国家合作大数据的分析报告》，《海外华文教育》2017年第7期。

倪沙、王永兴、景维民：《中国对"一带一路"沿线国家直接投资的引力分析》，《现代财经》2016年第5期。

潘素昆、杨雅琳：《"一带一路"国家基础设施和中国对外直接投资区位选择》，《统计与决策》2020第10期。

彭诗茗、王欣、陈微：《"一带一路"倡议背景下旅游新业态发展模式构想》，《中国商论》2018年第19期。

朴键一：《"中蒙俄经济走廊"建设的主要特点和存在问题分析》，《东北亚学刊》2020年第6期。

曲茹、于珊珊：《"一带一路"背景下中东欧国家涉华舆情研究与引导策略——以捷、波、拉、罗、匈五国主流媒体网站新闻报道为例》，《对外传播》2019年第12期。

师守祥：《丝绸之路旅游：多面挑战与突破口》，《旅游学刊》2017年第6期。

石硕：《藏区旅游开发的前景、特点与问题》，《西南民族学院学报》（哲学社会科学版）2001年第2期。

宋昌耀、厉新建：《"一带一路"倡议与中国对外旅游投资》，《旅游学刊》2017年第5期。

宋志伟、庞世明：《要素禀赋、"一带一路"与中国旅游企业战略选择》，《旅游学刊》2017年第6期。

宋周莺、虞洋：《"一带一路"沿线贸易便利化发展格局研究》，《地理科学进展》2020年第3期。

孙朋军、于鹏：《文化距离对中国企业落实"一带一路"投资战略的影响》，《中国流通经济》2016年第2期。

孙子怡：《"一带一路"倡议下中越经贸合作的现状、问题和前景》，《现代管理科学》2019年第5期。

谭畅：《"一带一路"战略下中国企业海外投资风险及对策》，《中国流通经济》2015年第7期。

田卫民、孟帅康、王桀：《云南、广西面向东盟的旅游经济联系及社会网络演化——基于"一带一路"建设前后的比较》，《世界地理研究》2020年第6期。

王朝晖、张春胜：《"一带一路"倡议下中国企业"走出去"人才本土化研究——以来华留学生为例》，《上海对外经贸大学学报》2018年第5期。

王楠：《中蒙俄"草原丝绸之路"文化旅游空间结构解析》，《呼伦贝尔学院学报》2019年第1期。

王倩：《新丝绸之路经济带旅游业发展对经济影响的实证分析——以新疆为例》，《经济研究导刊》2016年第7期。

王杉、倪鹏飞：《"一带一路"背景下西北民族地区城市竞争力提升潜力研究》，《西藏大学学报》（社会科学版）2018年第2期。

王守力、范美丽：《"一带一路"战略下粤港澳体育旅游资源的空间结构特征及开发路径研究》，《贵州体育科技》2017年第1期。

王松茂、褚玉静、郭安禧、郭英之：《"一带一路"沿线重点省份旅游经济高质量发展研究——基于旅游资源转换效率的测度》，《地理科学》2020年第9期。

王微微、谭咏琳：《贸易便利化水平对"一带一路"沿线国家双边贸易的影响分析》，《经济问题》2019年第9期。

王欣、彭诗茗、陈微：《"一带一路"背景下中国旅游贸易逆差调控战略研究》，《旅游导刊》2018年第5期。

王义桅：《"一带一路"的中国智慧》，《中国高校社会科学》2017年第1期。

王正文、但钰宛、王梓涵：《国家风险、出口贸易与对外直接投资互动关系研究——以中国—"一带一路"国家为例》，《保险研究》2018年第11期。

王志坚、唐敏、潘蕊、蒋海明、王冠：《云南电网培评中心：为澜沧江—湄公河次区域培养电力人才》，《中国电力教育》2018年第9期。

乌兰巴根：《中蒙俄经济走廊已有成果、现有难题和未来建议》，《西部蒙古论坛》2019年第3期。

乌丽晗、胡伟华：《"一带一路"倡议下中蒙跨境旅游合作研究》，《中国经贸导刊（中）》2020年第5期。

吴海文、张少雪、刘梦影：《"一带一路"视角下中国与东盟贸易竞争力研究——基于改进的显性比较优势指数的分析》，《国际经济合作》2019年第6期。

吴捷：《在全省旅游及相关产业消费结构调查工作布置会上的讲话》，《青海统计》2015年第10期。

吴丽云、张一帆、赖梦丽：《中国"一带一路"旅游外交的挑战与应对策略》，《旅游导刊》2018年第5期。

徐虹、韩静：《旅游开发与合作助力"一带一路"倡议发展》，《旅游学刊》2017年第5期。

许培源、程钦良：《"一带一路"国际科技合作的经济增长效应》，《财经研究》2020年第5期。

杨飞虎、晏朝飞：《"一带一路"战略下我国对外直接投资实施机制研究》，《理论探讨》2015年第5期。

杨英、刘彩霞：《"一带一路"背景下对外直接投资与中国产业升级的关系》，《华南师范大学学报》（社会科学版）2015年第5期。

姚延波、侯平平：《"一带一路"倡议下我国入境旅游产品开发新思路》，《旅游学刊》2017年第6期。

姚战琪、夏杰长：《中国对外直接投资对"一带一路"沿线国家攀升全球价值链的影响》，《南京大学学报》（哲学·人文科学·社会科学）2018年第4期。

叶红雨、申雅：《"一带一路"沿线国家OFDI对全球价值链攀升影响的实证研究》，《经济论坛》2020年第3期。

尹忠明、秦蕾：《文化距离对中国入境旅游的影响——以"一带一路"沿线国家为例》，《云南财经大学学报》2020年第11期。

袁竞：《"一带一路"背景下尼泊尔中资企业发展问题研究》，《云南行政学院学报》2020年第3期。

臧术美：《"一带一路"背景下中国与中东欧地方合作——一种多层级合作机制探析》，《社会科学》2020年第1期。

张斌彬、冯珺：《"一带一路"沿线国家债务违约风险的识别与防范》，《河北师范大学学报》（哲学社会科学版）2020年第1期。

张海琳：《"一带一路"背景下"澜湄旅游"目的地品牌跨境共建》，《社会科学家》2019年第12期。

张吉廷：《"一带一路"背景下就业领域新探索》，《中外企业家》2017年第36期。

张江驰、谢朝武：《"一带一路"倡议下中国—东盟旅游产业合作：指向、结构与路径》，《华侨大学学报》（哲学社会科学版）2020年第2期。

张鹏飞、汤蕴懿：《数字化服务水平对"一带一路"沿线国家双边贸易的影响——基于亚洲国家的实证研究》，《上海对外经贸大学报》2020年第3期。

张睿、金磊、丁培毅：《"一带一路"背景下的丝路文化软实力建设——国际旅游发展新动力》，《旅游学刊》2017年第6期。

张晓瑜、陈胤默、文雯、孙乾坤：《避免双重征税协定与企业对外直接投资——基于"一带一路"沿线国家面板数据的分析》，《国际经贸探索》2018年第1期。

张原：《中国对"一带一路"援助及投资的减贫效应——"授人以鱼"还是"授人以渔"》，《财贸经济》2018年第12期。

张原、陈建奇：《"一带一路"背景下的国际劳务合作——机遇、挑战及启示》，《劳动经济评论》2018年第2期。

张原、刘丽：《"一带一路"沿线国家劳动力市场比较及启示》，《西部论坛》2017年第6期。

赵德海、贾晓琳：《中国与"一带一路"沿线国家进口贸易格局及其发展潜力分析》，《商业研究》2020年第9期。

赵维、邓富华、霍伟东：《"一带一路"沿线国家互联网基础设施的贸易效应——基于贸易成本和全要素生产率的中介效应分析》，《重庆大学学报》（社会科学版）2020年第3期。

赵鑫、林森：《对发展入境旅游的几点建议》，《中国发展观察》2018年第1期。

郑蕾、刘志高：《中国对"一带一路"沿线直接投资空间格局》，《地理科学进展》2015年第5期。

郑丽楠、梁双陆、刘林龙：《中国与六大经济走廊沿线国家的贸易联系问题研究》，《当代经济管理》2019年第3期。

钟春平、潘黎：《对外直接投资风险与一带一路战略》，《开放导报》2015年第4期。

周李、吴殿廷、李泽红、王永明、乔路明、肖晔：《中蒙俄经济走廊自然旅游资源格局及影响因素研究》，《资源科学》2018年第11期。

周满生：《"互联网+"全民信息化时代汉语教学人才的培养》，《华南师范大学学报》（社会科学版）2018年第5期。

周五七：《"一带一路"沿线直接投资分布与挑战应对》，《改革》2015年第8期。

朱怡童、章秀琴：《中国与"一带一路"沿线国家基础设施互联互通水平评价研究》，《宿州学院学报》2020年第2期。

宗慧隽、王明益：《中国与"一带一路"沿线国家的贸易潜力和贸易效率——基于夜间灯光数据的实证考察》，《中南财经政法大学学报》2018年第6期。

邹统钎：《"一带一路"倡议促进区域旅游合作的几个设想》，《旅游导刊》2017年第1期。

邹统钎：《"一带一路"旅游合作愿景、难题与机制》，《旅游学刊》2017年第6期。

邹统钎、晨星、刘柳杉：《"一带一路"旅游投资：从资源市场转向旅游枢纽》，《旅游导刊》2018年第5期。

邹永广：《"一带一路"中国主要节点城市旅游的经济联系——空间结构与合作格局》，《经济管理》2017年第5期。

（三）学位论文

耿增涛：《"一带一路"沿线国家基础设施建设及投资研究》，硕士学位论文，外交学院，2016年。

龙雪：《"一带一路"背景下中蒙俄旅游合作研究》，硕士学位论文，黑龙江大学，2018年。

马帅：《"一带一路"背景下河钢收购塞钢对中国企业"走出去"的启示》，硕士学位论文，河北经贸大学，2019年。

（四）报刊文章

《"促进跨大陆互联互通的宏伟举措"——世界银行发布系列研究文章高度评价一带一路建设》，《人民日报》2019年4月

20 日。

《"一带一路"地方实践》,《中国经济时报》2017 年 5 月 10 日。

《"一带一路"建设与旅游先行》,《中国旅游报》2015 年 12 月 11 日。

《"一带一路"五年来中外文化交流成果丰硕》,《人民日报》(海外版) 2018 年 11 月 27 日。

《甘肃文旅积极融入"一带一路"建设》,《中国旅游报》2019 年 12 月 9 日。

《共建一带一路 实现互利共赢》,《人民日报》2019 年 4 月 27 日。

《广西融入"一带一路"打响旅游品牌将建设全国首个国际旅游合作试验区》,《广西日报》2018 年 1 月 12 日。

《积极发挥"一带一路"的旅游力量》,《中国旅游报》2015 年 2 月 6 日。

《理性务实推进"一带一路"旅游发展》,《中国旅游报》2015 年 6 月 22 日。

《说走就走,沿"一带一路"去旅行》,《科技日报》2015 年 4 月 19 日。

《文化和旅游助力"一带一路"走深走实》,《中国文化报》2019 年 4 月 30 日。

《西安市融入"一带一路"建设情况及成效如何?听听副市长怎么说!》,《西安晚报》2018 年 9 月 19 日。

《以"一带一路"为契机云南务实推进跨境旅游合作》,《云南日报》2017 年 7 月 2 日。

(五) 网络文献

国家旅游局:《国家旅游局关于支持中国(福建)自由贸易试验区旅游业开放意见的函》,2015 年 3 月 20 日,https://www.yidaiyilu.gov.cn/zchj/dfzc/8175.htm。

国家旅游局：《跨境国际旅游合作释放新动能》，2017 年 7 月 17 日，https：//whhlyj. xsbn. gov. cn/332. news. detail. dhtml？news_id =40601。

环球网：《甘肃等 12 省区市联合成立丝绸之路旅游推广联盟》，2015 年 6 月 16 日，https：//china. huanqiu. com/article/9CaKrnJM78p。

环球网：《中俄蒙成立"万里茶道"旅游联盟》，2016 年 7 月 13 日，https：//world. huanqiu. com/article/9CaKrnJWszl。

靖边文旅：《做强丝路起点大品牌》，2019 年 11 月 3 日，http：//jbwl. jingbian. gov. cn/cyfz/cyfz/48749. htm。

内蒙古新闻网：《内蒙古在推进中蒙俄经济走廊中的现状与展望》，2017 年 6 月 26 日，http：//inews. nmgnews. com. cn/system/2017/09/26/012400546. shtml。

泉州市人民政府：《"一带一路"国际合作高峰论坛成果清单一览》，2017 年 5 月 19 日，http：//www. quanzhou. gov. cn/smartSearch/main/search. xhtml？siteId = 2c9d02866787ab22016787b129ae0032#。

人民网：《首届世界旅游发展大会〈北京宣言〉发布》，2016 年 5 月 19 日，http：//travel. people. com. cn/n1/2016/0519/c41570 - 28364280. html。

陕西宣传网：《〈丝绸之路旅游部长会议西安倡议〉发布》，2015 年 6 月 20 日，http：//www. sxxc. gov. cn/content/2015 - 06/20/content_ 12786700. htm。

搜狐网：《沉船瓷器大航海时代，"海丝"馆长有话说》，2017 年 12 月 4 日，https：//www. sohu. com/a/208580863_ 99909071。

文化和旅游部：《"一带一路"文化旅游领域交流合作五年成果丰硕》，2018 年 9 月 11 日，https：//www. mct. gov. cn/whzx/whyw/201809/t20180911_ 834740. htm。

文化和旅游部：《福建省文化厅党组中心组举行"一带一路"专

题学习辅导报告》，2015 年 10 月 19 日，https：//www.mct. gov. cn/whzx/djgz/jcdj_ djgz/201510/t20151019_ 799557. htm。

文化和旅游部：《贵州省文化厅扎实推进贵州文化融入"一带一路"》，2017 年 7 月 5 日，https：//www.mct. gov. cn/whzx/qgwhxxlb/gz/201707/t20170705_ 791133. htm。

文化和旅游部：《上海助推"一带一路"文化"走出去""引进来"》，2016 年 5 月 5 日，https：//www.mct. gov. cn/whzx/qgwhxxlb/sh/201605/t20160505_ 781727. htm。

文化和旅游部：《四川省主动融入"一带一路"文化交流合作》，2016 年 1 月 5 日，https：//www.mct. gov. cn/whzx/qgwhxxlb/sc/201601/t20160105_ 790879. htm。

文化和旅游部：《文化和旅游部有关负责人就国务院同意设立内蒙古满洲里、广西防城港边境旅游试验区答记者问》，2018 年 4 月 3 日，http：//www. gov. cn/xinwen/2018 - 04/13/content_ 5282192. htm。

文化和旅游部：《文化和旅游助力"一带一路"走深走实》，2019 年 4 月 24 日，https：//www.mct. gov. cn/whzx/whyw/201904/t20190424_ 843055. htm。

文化和旅游部：《中华人民共和国文化和旅游部 2019 年文化和旅游发展统计公报》，2020 年 6 月 20 日，http：//zwgk. mct. gov. cn/auto255/202006/t20200620_ 872736. html? keywords = 。

西安市人民政府：《第六届丝绸之路经济带城市圆桌会西安开幕》，2018 年 7 月 1 日，http：//www. xa. gov. cn/xw/zwzx/bmdt/5d4907c6fd850833ac587b98. html。

西安市政府办公厅：《西安市发改委围绕丝绸之路经济带建设组织召开"走出去"企业座谈会》，2015 年 5 月 6 日，http：//www. xa. gov. cn/xw/zwzx/bmdt/5d490e27f99d6572b765abc0. html。

新华报业网：《江苏签署首个"一带一路"沿线国家旅游合作协议》，2018 年 6 月 6 日，https：//www. yidaiyilu. gov. cn/xwzx/

dfdt/57181. htm。

新华网:《国家旅游局携手联合国世界旅游组织倡议成立"一带一路旅游合作共同体"》,2017年5月18日,http://www.xinhuanet.com/travel/2017-05/18/c_1120996101.htm。

新华网:《旅游投资发力"一带一路"》,2016年4月28日,http://www.xinhuanet.com/travel/2016-04/28/c_128939541.htm。

新华网:《中蒙俄旅游合作日趋深化》,2019年6月23日,http://www.xinhuanet.com/world/2019-06/23/c_1124660096.htm。

中国新闻网:《"海丝"旅游推广联盟成立12省区在厦组旅游联盟》,2015年5月8日,http://culture.people.com.cn/n/2015/0509/c172318-26973276.htm。

中国新闻网:《江西探索成立"一带一路"中国瓷器之路旅游联盟》,2019年6月7日,https://www.yidaiyilu.gov.cn/xwzx/dfdt/93091.htm。

中国新闻网:《近70国将汉语教学纳入国民教育体系》,2016年12月7日,http://www.chinanews.com/hr/2016/12-07/8086555.shtml。

中国一带一路网:《"一带一路"体育旅游发展行动方案发布》,2017年7月8日,https://www.yidaiyilu.gov.cn/xwzx/roll/18828.htm。

中国一带一路网:《"一带一路"下旅游外交助力互联互通建议形成常态化交流机制》,2017年10月4日,https://www.yidaiyilu.gov.cn/ghsl/gnzjgd/29710.htm。

中国一带一路网:《长沙等33个丝绸之路高铁沿线城市启动旅游合作》,2017年8月21日,https://www.yidaiyilu.gov.cn/xwzx/dfdt/24161.htm。

中国一带一路网:《共建"一带一路"倡议:进展、贡献与展望》,2019年4月22日,https://www.yidaiyilu.gov.cn/ldzd/dejgfld/wjxz/86708.htm。

中国一带一路网：《美丽中国系列文化旅游形象片展七月悉尼上线》，2020 年 7 月 4 日，https：//www.yidaiyilu.gov.cn/xwzx/hwxw/135363.htm。

中国一带一路网：《宁夏在迪拜举办推介会推进与"一带一路"沿线国家旅游合作》，2017 年 11 月 29 日，https：//www.yidaiyilu.gov.cn/xwzx/dfdt/37457.htm。

中国一带一路网：《世界旅游城市联合会：借力"一带一路"谋划旅游走廊建设》，2017 年 3 月 27 日，https：//www.yidaiyilu.gov.cn/xwzx/gnxw/10120.htm。

中国一带一路网：《世界旅游城市联合会中亚地区旅游会议举行"一带一路"旅游合作前景广阔》，2019 年 12 月 2 日，https：//www.yidaiyilu.gov.cn/xwzx/hwxw/111421.htm。

中国一带一路网：《世界旅游组织大会发布〈"一带一路"旅游合作成都倡议〉》，2017 年 9 月 14 日，https：//www.yidaiyilu.gov.cn/xwzx/gnxw/28058.htm。

中国一带一路网：《中阿 23 城市牵手"一带一路"倡议文化和旅游融合发展》，2018 年 10 月 26 日，https：//www.yidaiyilu.gov.cn/xwzx/gnxw/69725.htm。

中国政府网：《国务院关于支持沿边重点地区开发开放若干政策措施的意见》，2016 年 1 月 7 日，http：//www.gov.cn/zhengce/content/2016-01/07/content_10561.htm。

英文文献

A. B. Abel, B. Bernanke, D. Croushore, *Macroeconomics：Global Edition*, Pearson Schweiz AG, 2014.

B. Eichengreen, D. Park, K. Shin, "Growth Slowdowns Redux", *Japan & the World Economy*, No. 32, 2013.

B. Rowthorn, "Unemployment, Capital-Labor Substitution, and Economic Growth", *IMF Working Papers*, Vol. 99, No. 43, 1999.

C. Geertz, "Agricultural Involution: The Process of Ecological Change in Indonesia", *American Anthropologist*, Vol. 18, No. 3, 1965.

C. Goldin, "The U-Shaped Female Labor Force Function in Economic Development and Economic History", NBER Working Papers, 1994.

D. Murphy, *One Belt One Road: International Development Finance with Chinese Characteristics*, Australia: ANU Press, 2016.

E. Fardella, G. Prodi, "The Belt and Road Initiative Impact on Europe: AnItalian Perspective", *China & World Economy*, Vol. 25, No. 5, 2017.

F. Cai, "Understanding the Past, Present, and Future of China's Economic Development: Based on A Unified Framework of Growth Theories", *China Economist*, Vol. 9, No. 2, 2014.

F. Zhai, "China's Belt and Road Initiative: A Preliminary Quantitative Assessment", *Journal of Asian Economics*, No. 55, 2018.

G. Ranis, J. C. Fei, "A Theory of Economic Development", *American Economic Review*, Vol. 51, No. 4, 1961.

J. B. Sheu, T. Kundu, "Forecasting Time-varying Logistics Distribution Flows in the One Belt-One Road Strategic Context", Transportation Research Part E: Logistics and Transportation Review, 2017.

J. Chaisse, M. Matsushita, "China's Belt and Road Initiative: Mapping the World's Normative and Strategic Implications", *Journal of World Trade*, Vol. 51, No. 1, 2018.

J. Du, Y. Zhang, "Does One Belt One Road Strategy Promote Chinese Overseas Direct Investment?", *China Economic Review*, No. 47, 2018.

J. Feng, M. Li, "Human Capital Structure and Economic Growth: From the Perspective of New Structural Economics", *China Economist*, Vol. 14, No. 6, 2019.

J. Ju, J. Y. Lin, Y. Wang, "Endowment Structures, Industrial Dynamics, and Economic Growth", *Journal of Monetary Economics*, No. 76, 2015.

J. R. Harris, M. P. Todaro, "Migration, Unemployment & Development: A Two-Sector Analysis", *American Economic Review*, Vol. 60, No. 1, 1970.

J. Sachs, X. Yang, D. Zhang, "Globalization, Dual Economy, and Economic Development", *China Economic Review*, Vol. 11, No. 2, 2002.

J. Y. Lin, "New Structural Economics: A Framework for Rethinking Development", World Bank Policy Research Working Paper, No. 5197, 2011.

J. Zhang, "Policy Analysis in a Dynamic Model with Endogenous Specialization", *Increasing Returns and Economic Analysis*, 1998.

K. Ohno, "Avoiding the Middle-Income Trap: Renovating Industrial Policy Formulation in Vietnam", *Asean Economic Bulletin*, No. 26, 2009.

L. Zeng, "Conceptual Analysis of China's Belt and Road Initiative: A Road towards a Regional Community of Common Destiny", *Chinese Journal of International Law*, Vol. 15, No. 3, 2016.

M. Aoki, "The Five Phases of Economic Development and Institutional Evolution in China, Japan, and Korea", *Institutions and Comparative Economic Development*, Palgrave Macmillan UK, 2012.

M. D. Swaine, "Chinese Views and Commentary on the 'One Belt, One Road' Initiative", *China Leadership Monitor*, No. 47, 2015.

M. Wen, "Division of Labour in Economic Development", Monash University, 1997.

P. Brant, "One Belt, One Road? China's Community of Common Destiny", *The Interpreter*, March 31, 2015.

P. E. Robertson, L. Ye, "On the Existence of a Middle-Income Trap",

Economic Record, Vol. 92, No. 297, 2013.

P. Li, et al., "Building a New and Sustainable 'Silk Road Economic Belt'", *Environmental Earth Sciences*, Vol. 74, No. 10, 2015.

S. Kennedy, D. A. Parker, "Building China's 'One Belt, One Road'", Center For Strategic And International Studies, April 3, 2015.

S. Toops, "Reflections on China's Belt and Road Initiative", *Area Development and Policy*, 2016.

T. N. Srinivasan, J. Bhagwati, "Outward-Orientation and Development: Are Revisionists RightTrade", *Development and Political Economy*, Palgrave Macmillan UK, 2001.

W. A. Lewis, "Economic Development with Unlimited Supplies of Labour", *The Manchester School*, Vol. 22, No. 2, 1954.

X. Yang, J. Borland, "A Microeconomic Mechanism for Economic Growth", *Journal of Political Economy*, Vol. 99, No. 3, 1991.

X. Yang, R. Rice, "An Equilibrium Model Endogenizing the Emergence of a Dual Structure between the Urban and Rural Sectors", *Journal of Urban Economics*, Vol. 35, No. 3, 1994.

Y. Huang, "Understanding China's Belt & Road Initiative: Motivation, Framework and Assessment", *China Economic Review*, No. 40, 2016.

Y. U. Ning, "Cooperation on Belt and Road Initiatives", *China Today*, No. 2, 2015.

Z. Brincikova, L. Darmo, "The Impact of FDI Inflow on Employment in V4 Countries", *European Scientific Journal*, No. S1, 2014.

后　记

对于出生和成长在古城西安的我来说，丝绸之路不仅是教科书上的一段历史，更是随时随地的日常所见。那个叫土门的地方，我生活了好几年，后来才知道，原来叫开远门。据说是丝绸之路的起始点，丝绸商旅、马匹皮甲云集，贾平凹先生的《土门》即源自于此。位于大庆路与枣园东路三岔口的丝绸之路群雕，更是印象深刻——唐人与波斯人混杂而行，你牵着骆驼，他骑着马，粗犷浑厚，开朗豁达。每每路过，仿佛听到驼铃声声，似乎置身于热闹的唐代长安。

2013年，传承历史基因而又带有时代意蕴的"一带一路"倡议得以提出。作为旅游学者，最直接的反应就是，旅游应该、而且能够大有作为，遂开始密切关注"一带一路"倡议下的旅游发展。2015年2月发表第一篇关于"一带一路"与旅游的文章，2017年主编《"一带一路"与黄河旅游》一书，2018年完成中国社会科学院"智库丝路万里行"出访项目"'一带一路'旅游合作的潜力、瓶颈与对策：以中东欧三国为例"，2019年主持中国社会科学院国情重大调研项目"旅游助推'一带一路'建设：进展与问题调研"，2020年指导博士后冯珺完成《"一带一路"倡议助推旅游业发展的机制研究——理论与经验证据》出站报告……从某种程度上说，这本书算是过去几年里的研究小结。

感谢中国社会科学院，特别是国际合作局和科研局的大力支持。正是通过"智库丝路万里行"项目,才得以对匈牙利、捷克、波兰三国进行了为期三周的详细调研;也得益于国情调研项目,才能够对"一带一路"与旅游合作进展进行全面研究。感谢合作者冯珺,在他从事博士后研究的短短两年时间里,我们一起默契而高效地完成了多个合作项目,此书也是对两年合作的阶段性总结。感谢博士后史瑞应以及当时的博士生而今已经毕业从教的刘倩倩,得益于她们的鼎力帮助,国情调研项目才得以如期完成、顺利结项,而没有受到新冠肺炎疫情的过多影响。感谢中国社会科学院旅游研究中心访问学者苏永华老师,他逐字逐句认真审校了全部书稿,而且是两遍。感谢中国社会科学出版社的喻苗主任,合作之前虽未谋面,却似相识已久。感谢本书编辑周佳,第一次见面时,她的专业和温暖就给我留下了深刻印象。

"君不见走马川行雪海边,平沙莽莽黄入天。"历史中的丝绸之路已经成为过往,新时代下的"一带一路"倡议正在成为广受欢迎的国际公共产品。八年来,在"一带一路"倡议推动下,相关旅游合作取得了长足进展。我们有理由相信,未来将更加精彩!

宋瑞

2021 年 9 月 12 日

宋瑞，1972年生，陕西西安人，产业经济学博士，人文地理学博士后，中国社会科学院旅游研究中心主任，中国社会科学院财经战略研究院研究员、博士生导师，文化和旅游部"十四五"规划专家委员会委员，文化和旅游部研究基地负责人，世界旅游城市联合会专家委员会特聘专家，任《中国旅游绿皮书》主编、《中国休闲绿皮书》主编，长期从事旅游产业政策、可持续发展和休闲研究。

近年来，主持国家社科基金项目3项，承担中央宣传部文化体制改革办公室、中国社会科学院、国家发改委、原国家旅游局、文化和旅游部、联合国世界旅游组织、世界旅游城市联合会等委托课题20余项，并作为副组长参与国务院办公厅等委托课题近20项，先后在瑞典哥德堡大学、美国宾夕法尼亚州立大学从事访问学者，在《财贸经济》《旅游学刊》及 Journal of Sustainable Tourism 等刊物发表大量学术文章，出版专著4本，译著7本。

冯珺，1989年生，北京人。英国北安普顿大学文科荣誉学士，中国社会科学院研究生院经济学硕士、经济学博士，中国社会科学院财经战略研究院管理学博士后，中国社会科学院旅游研究中心特约研究员，北京体育大学体育商学院讲师、硕士研究生导师。公开发表学术论文近30篇，代表作发表于《旅游学刊》《新闻与传播研究》以及 China Economist 等中英文权威期刊或收录于CPCI-SSH检索，兼任 Applied Economics 和 Applied Economics Letter 以及《旅游学刊》等学术期刊匿名审稿人。相关成果荣获第二届粤港澳大湾区研究生论坛特别主题最佳论文、首届中国工业经济学会青年杯十佳论文、第四届中国劳动经济学会年会优秀论文奖、中国人口与发展研究中心学术研究奖等学术荣誉。